Singapore
新加坡
好逛、好吃，最好買

風格咖啡廳、餐廳、
特色小店尋味漫遊

諾依 著

朱雀文化

作者序

再次愛上新加坡

人的想法、看法常常改變，我對新加坡的感覺也是這樣。

我常去新加坡，而且每次都會帶上兩、三本旅遊書，一下飛機就立刻打開書，把書中推薦的餐廳、店家、景點統統排進行程。因為排得很滿，往往需要一大早就從下榻的飯店出發，然後搭最後一班地鐵回來，把握停留在新加坡的每分每秒。先前每次去新加坡都是這樣，但回國後卻都沒有留下什麼印象，所以我告訴自己，應該要有所改變了！新加坡不大，一般旅遊書也寫得很詳細了，還有什麼特別的事物可以挖掘的嗎？

兩年後，我的新加坡朋友凡妮莎（Vanessa）邀請我到新加坡玩，她很貼心地安排好行程，讓我在吃、玩、逛都能融入當地。我心想，或許這會讓我再次愛上新加坡。不過，看到行程表後我有點納悶，因為她列出來的區域我都去過了，那到底有什麼不同呢？

後來才發現，凡妮莎列出的店家有 95% 我都沒有去過，之前經過好多次，但卻一次都沒有注意到。另外，凡妮莎也建議我們到小巷子裡走走逛逛，嘗試遠離這些區域的中心地帶，還能順便運動一下！我對她推薦的地方都很感興趣，也很享受在小店裡穿梭來回的感覺。我們慢慢地走，一點都不像之前到新加坡時那樣緊湊，心情也變得很平靜、很放鬆。

　　這些地方離地鐵站距離剛好，不會太遠；雖然位於小巷內，不過並不會很難找。另外，路途中也經過許多公園，裡面有很多大樹，有幾次我們還抱著大樹拍照呢！這趟旅行很像當初第一次造訪新加坡的感覺，每件事都很特別、新鮮，無論是城市的景觀、當地的人，或是那裡的大樹。

　　我很感謝凡妮莎，她建議我要把自己當成新加坡人來重新認識這個地方，也讓我再次認識並愛上這個國家。我之所以這麼喜歡新加坡，還有幾個原因，雖然高樓大廈很多，但也種植了很多樹木，而且還有很多公園，可以讓我用腳去感受草地的觸感。所到之處都很乾淨，也不吵雜，在地人都很有禮貌，這些都是深深吸引我的地方。對我來講，無論是下雨天或是艷陽天，都可以挖掘這個地方的美。最重要的是，我已經再次愛上新加坡了。

　　謝謝大家購買本書，書中介紹的店家，都是我很喜歡的。隨著時間過去，店家資訊也許會有所變動，像是地址變了、營業時間更改或結束營業等。為了讓大家可以盡情享受旅程，資訊變動之處將會更新於臉書上。歡迎大家到我的臉書分享新加坡之旅的經驗，如果發現店家資訊有所不同，也可以和我説喔！我的臉書：www.facebook.com/Pim Nejimeji

諾依

推薦序
顛覆你對新加坡的印象

　　我想很多人跟我一樣，第一次出國就是去新加坡。而大家的原因應該都差不多，不外乎是距離較近，機票費用和當地花費都在可以接受的範圍。此外，新加坡是個乾淨又安全的國家，除了購物的地方之外，還有很多公園可供休息乘涼，相當愜意。

　　我記得第一次去新加坡時，我還是個國中生，那次是和媽媽、哥哥一起去。那趟旅程對一個初次出國的小孩來說，的確是留下了很深刻的印象，特別是看到魚尾獅、走在烏節路上和造訪聖淘沙，讓我感到無比興奮。但長大之後常常出國，見識到更多國家的風貌，當時對新加坡的熱情與衝動，漸漸變得平淡。如果沒有特別的事情要辦，應該也不會打算去新加坡。

　　直到幾個月前，諾依約我去新加坡玩一個星期，她說要帶我去認識新加坡的另一面，其實我覺得她是想要找人幫忙提行李而已！那時我剛好有空，所以就答應和她一起去。雖然已經答應了，但心裡還是想著，真的要在新加坡待一個星期嗎？

　　萬萬沒想到，這趟新加坡行居然完全顛覆了我對新加坡的印象。某天下午，諾依帶我到離飯店很遠的荷蘭村，但不是去一般旅遊書常介紹的知名景點，而是去找她的新加坡朋友凡妮莎。凡妮莎是位杯子蛋糕店的老闆，她的店隱藏在墨西哥餐廳二樓，店小小的。我們只待了一個小時左右，但來買蛋糕的人絡繹不絕，就如同諾依所說，這裡的蛋糕真的相當好吃！對我來說，看到一個人能勇敢地追逐夢想，並讓夢想成真，這是最吸引人的地方。

　　在這幾天裡，我們造訪的店家都很特別且有味道。某天我們到了一間只賣英文書的小店，從店裡所營造出來的氛圍，就知道老闆很用心經營。此外，另

一間小店的主人是位害羞的男藝術家，店內販售畫作及相關的產品、童書，在
這裡我買了好幾張水彩繪製的明信片。有一天諾依帶我去克拉碼頭，還帶我去
喝很特別的咖啡，那裡的咖啡豆是來自南美洲、非洲的高級品種，而且店主人
還會在店內烘咖啡豆及研磨咖啡豆，整間店都充滿了咖啡香。當天我喝了一杯
濃縮咖啡，非常好喝，喝完後想給它按一個讚，這杯咖啡在我心中絕對排得上
前五名。

其中有一天因為下雨的關係，我們被迫在植物園附近停留一段時間。不過，
也讓我們無意中發現一間位於克倫尼閣（Cluny Court）內的超好吃義大利麵店。
離開後，走上二樓，「簡單麵包」這個店名吸引了我的目光，這是這趟旅程中
我很喜歡的店家之一。下次造訪時，我想帶著一本書，點一壺大吉嶺紅茶搭配
剛出爐的麵包，在這裡好好享受悠閒時光。

剛剛提到的店家，在這本書裡都會出現。或許對大部分的人來說，對新加
坡的印象似乎都是淡淡的，沒有那麼強烈，或是一兩天就逛完了，沒什麼好玩
的。以前的我也是這麼覺得，不過現在我已經找到答案了。如果沒有用心去感
受這個國家，或是每次都去一樣的地方，當然一下子就膩了，但如果肯花時間
慢慢挖掘，就會發現很多有趣的地方。我對新加坡的印象除了很乾淨、人民很
友善、樹木很多外，現在還加上那些隱藏在巷弄中的種種驚喜。

慢慢讀完這本書，說不定就會改變你們對於新加坡的印象，甚至像我一樣，
體會到這個國家的美好，而想要多造訪幾次呢！

翁塔娜

目錄 Concent

店名下方若有以下圖示，則代表提
供餐點、飲品、麵包、蛋糕，或是
可參觀、購物。

 餐點　　　　 飲品

 麵包、蛋糕　 參觀

 購物

關於新加坡
About Singapore

新加坡很適合自助旅行，治安好、交通便利、溝通也不成問題。而且無論哪個季節、晴天或雨天，都散出特有的魅力。到新加坡旅遊前，先認識這個國家的大小事，規畫屬於你的小旅行吧！

新加坡全圖
Singapore Map

馬來西亞

雙溪布洛
濕地保留區

三巴旺

三巴旺

海軍部

兀蘭

馬西嶺

克蘭芝

賈里達快速公路

林厝港

油地

夜間野生
動物園

新加坡
動物園

武吉班讓

蔡厝港

蔡厝港

武吉知馬快速公路

克蘭芝快速公路

武吉甘柏

武吉知馬

南洋理工大學 ●

裕廊西

文禮

湖畔

裕華園

武吉甘柏

碧

瑪麗

加利谷

植物園

武吉巴督

泛島快速公路

花拉路

大巴

荷蘭村

錦茂

新加坡
植物園

先驅

中國花園

裕廊東

武吉巴督

裕群

日本花園

裕廊東

金文泰

金文泰

荷蘭村

女皇鎮

知新館

文禮

新加坡科學館

杜佛

中心快速公路

紅山

裕廊飛禽公園

裕廊爬蟲公園

新加坡
錢幣博物館

波那
維斯達

緯壹

聯邦

紅

大士

裕廊

西海岸

明園

新加坡
國立大學

國大醫院 ✚

肯特崗

女皇鎮

直落布蘭

裕廊島

虎豹別墅

巴西班讓

巴西班讓

拉柏多公園

纜車
世貿中

N

馬來西亞

實里達島

新邦
義順

順　卡迪

榜鵝西島

惹蘭加由　榜鵝東島

榜鵝　實龍崗島　烏敏島

榜鵝　克坦島

淡濱尼快速公路

楊厝港

楊厝港　盛港　巴西立

茂橋　萬國

橋　羅弄泉　后港　后港　羅央

山　高文　實龍崗　巴西立　樟宜渡輪碼頭

巴特禮　淡濱尼　樟宜

萊德　兀里　大成　淡濱尼

窯　中央快速公路　巴耶利巴　勿洛北　樟宜機場

諾維娜　波東巴西　麥波申　四美　新加坡博覽中心

頭　文慶　泛島快速公路　勿洛

小印度　金泉　勿洛南

美賽　小印度　花拉公園　阿裕尼　巴耶利峇　景萬岸　丹那美拉　博覽

加冷　友諾士　馬林百列

塔魯　多美歌　勞明達　達科達　丹那美拉渡輪碼頭

克拉碼頭　武吉士　蒙巴登

牛車水　百勝　體育場　東海岸公園大道

園　政府　濱海中心　尼誥大道　東海岸公園

大廈　寶門廊

萊佛士坊　新加坡摩天輪

丹戎巴葛　海灣舫

濱海灣　金沙空中花園

濱海灣花園

尼島　濱海藝術中心

魚尾獅公園

新加坡環球影城　讚美廣場

往民丹島、巴淡島

△ 觀光景點　▬ 高速公路　≣ 地鐵路線

● 其他　✚ 醫院　◎ 地鐵站

克蘭芝 Kranji NS7
馬西嶺 Marsiling NS8
兀蘭 Woodlands NS9
海軍部 Admiralty NS10

油池 Yew Tee NS5

十里廣場 Ten Mile Junction BP14

信加 Senja BP13
實加 Segar BP11

蔡厝港 Choa Chu Kang NS4 BP1

南景 South View BP2
德惠 Teck Whye BP4

BP12
澤拉邦 Jelapang

BP10 法嘉 Faja
BP9 萬吉 Ban

吉豐 Keat Hong BP3
鳳凰 Phoenix BP5
武吉班讓 Bukit Panjang BP6

柏堤 Petir BP7
秉定 Pending BP8

武吉甘柏 Bukit Gombak NS3

瑪[] Marymo
C

武吉巴督 Bukit Batok NS2

加利谷 Caldecott CC17

植物園 Botanic Gardens CC19

先驅 Pioneer EW28
湖畔 Lakeside EW26
裕廊東 Jurong East NS1 EW24

花拉路 Farrer Road CC20

大 Toa Pa

2

EW29
裕群 Joo Koon
文禮 Boon Lay EW27
裕華園 Chinese Garden EW25

4

荷蘭村 Holland Village CC21

諾維娜 Novena N

紐頓 Newton NS21

金文泰 Clementi EW23
杜佛 Dover EW22
烏節 Orchard NS22

波那維斯達 Buona Vista EW21 CC22
緯壹 one-north CC23
聯邦 Commonwealth EW20
索美塞 Somerset NS23

肯特崗 Kent Ridge CC24

多美歌 Dhoby Ghaut CC1 NE6 NS24

虎豹別墅 Haw Par Villa CC25
EW19
女皇鎮 Queenstown
紅山 Redhill EW18

克拉 Clarke C

巴西班讓 Pasir Panjang CC26
中峇魯 Tiong Bahru EW17
EW16 NE3
NE4 牛車 Chinato

拉柏多公園 Labrador Park CC27
歐南園 Outram Park

直落布蘭雅 Telok Blangah CC28

港灣 HarbourFront NE1 CC29
聖淘沙 Sentosa S
丹戎巴葛 Tanjong Pagar EW15

6
9

海濱 Waterfront S1
英比奧 Imbiah S2

海灘 Beach S3

地鐵及輕軌圖
MRT & LRT

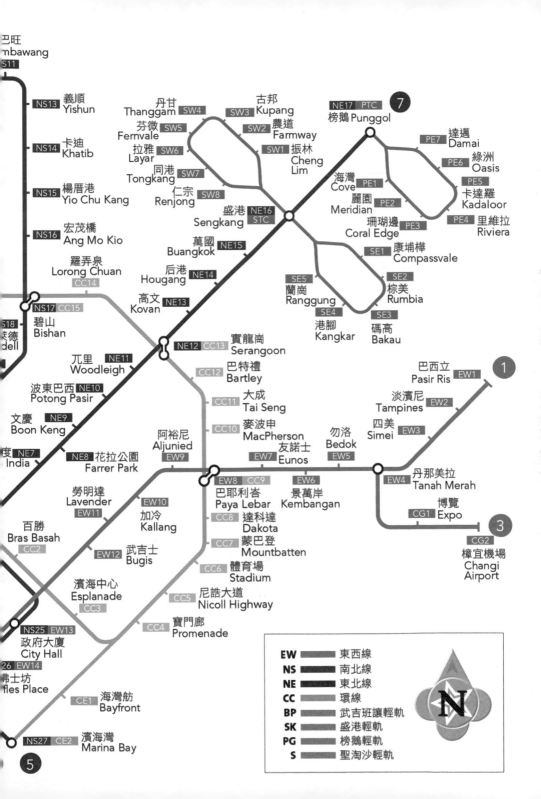

城市之最
Best in Town

歡迎來到新加坡！在這裡，大樹似乎是這個城市的主人，因為它們存活的時間已經超過這個城市的歷史了。

萊佛士坊地鐵站前有張公告，標題是「一起把新加坡變成花園城市」，鼓勵大家在國家公園網站上分享，如何把這個城市變成一個大花園。看了這個公告，我心裡不禁納悶：「難道新加坡的樹還不夠多嗎？」

當我們抵達新加坡樟宜國際機場，一走進航廈，就看到許多小花園出現在我們面前。進入市區的路上，無論是大街小巷，到處都可以看到美麗的綠樹，而且都不是矮矮小小的樹，多半是好幾層樓高的老樹，更讓我們感到驚訝的是，樹木的狀態都保持得很好。

另外，新加坡還有世界級的植物園，種植很多珍稀植物，寒帶植物和熱帶植物都有，探索頻道還曾為了一個紀錄片的拍攝計畫來到這裡。新加坡政府投注很多經費，把這個植物園打造成森林般的樣貌，園內有從世界各地買來的稀有植物，像是從西班牙買來的 500 年巨樹。以新加坡的法律來說，任意砍樹的處罰很重，即使是自己的所有地，如果沒有事先申請就隨意砍樹，須繳納高額罰金。

新加坡從 1960 年開始推動綠色政策，計畫要把全國 10% 的土地打造成公園或保護地，也希望在未來的 10～15 年內，將其比例拉高。由於計畫明確，加上政府積極推動，新加坡才有今日的樣貌。目前很多綠色計畫仍進行中，大多是 10～20 年的長期計畫，而就先前的結果來看，應該都可以達到不錯的成果。

因為新加坡的樹木很多，空氣自然也很棒，無論走在哪區都很舒服。根據過往的空氣調查，新加坡的空氣品質達到特優水準。這裡的氣溫雖高，卻不會過於悶熱，這應該也是樹木多的緣故吧！

新加坡人
About People

　　新加坡政府相當注重人民的素質，普遍來說教育水準高。因自小採雙語教育，所以從幼稚園小朋友到年長者幾乎都可以使用英文溝通。另外，政府也鼓勵年長者繼續工作，如果在麥當勞看到他們擦地板、收桌子，或是在樟宜機場看到他們打掃廁所，也不用太過納悶。對他們來說，能做這些工作讓他們感到驕傲，也讓他們感覺到自己被需要。

　　新加坡的種族很多元，包括華人、馬來人、印度人、歐亞混血等，而且外國人的比例很高。在地鐵車廂、小販中心裡，都可以看到華人的白領階層、馬來西亞工人與印度工人坐在一起，沒有階層之分，而且各個種族間相處融洽，不太有種族歧視問題。新加坡人配合度高、友善、守規矩且尊重他人，這並非短時間可以養成，我想應該是從小培養出來的。

我眼中的新加坡
Singapore Image

新加坡雖小，但很多排名卻名列前茅，例如：
新加坡是全世界貪汙最少的前五名、犯罪率很低、
人民學歷高、經濟發展良好且GDP是世上前幾名、
社會福利制度佳等，而這些都讓新加坡人擁有極
佳的生活品質。

　　但新加坡仍有一些缺點，例如：物價相當高，7-11 所販賣的瓶裝水一瓶新
幣 1.8 元，約台幣 40 元，而麥當勞的大麥克一個新幣 6.5 元，約台幣 150 元，
更不用說是高價的房地產了，大多數新加坡人只買得起一間小公寓。另外，有
環保組織指出，雖然新加坡人口只有 500 萬人左右，卻浪費了過多的能源。但
是，新加坡仍是一個優點多於缺點的國家。

　　新加坡現代化的大樓雖多，不過像是萊佛士爵士年代的殖民建築和傳統街
屋仍保護得很好。新加坡雖是世界金融中心之一，但步調不像紐約、東京、香
港那樣急促，生活也輕鬆許多。從周遭環境，我看到了新加坡的三大亮點：人
民的美、景觀的美、自然的美。

旅遊必備
In My Bag

　　如果要去新加坡，包包裡要準備些什麼呢？一般來說，這要視去的時間和地方而定。先來看看我的包包裡都裝了什麼！

　　我覺得太陽眼鏡、雨傘、防曬乳、拖鞋等很重要，主要是因為新加坡有時太陽很大，有時則是下大雨，每天出門前，一定要先確認當天的天氣狀況。另外，如果擔心不習慣氣候變化而導致過敏，建議先備妥慣用藥物。而計算機、筆記本、口袋書、筆、明信片、iPod Shuffle、圍巾等，這些東西對於怕冷、喜歡音樂、喜歡閱讀、喜歡寫明信片的人來說都很實用。最重要的就是錢包、護照、易通卡（ez-link card，類似台北捷運的悠遊卡）、地圖、手機，萬一遺失了，行程勢必會受到影響，務必小心保管。

新加坡必買美食 Must Buy

到了國外，逛逛超市常常可以挖掘到好吃的東西，如果不打算買，單純逛逛也很有趣，可以感受當地的風土民情，建議預留一些時間好好體驗一下。我覺得這些東西很值得買，推薦給大家。

尤海姆年輪蛋糕

年輪蛋糕是德國傳統糕點，尤海姆（Juchheim's Baumkuchen）這間店的年輪蛋糕廣受好評，在日本的人氣也很旺。這個年輪蛋糕約有 20 ～ 30 層，甜度適中且有奶油的香氣，可以感受到蛋糕師傅的用心。可於高島屋美食區購得。

綜合莓果優格

澳洲進口的綜合莓果優格，有著香草和水果的香氣，是款讓人每天都想吃的甜點，也是超市的熱銷商品。

查理誠實思慕昔

芒果加上其他水果製成的果汁，喝起來酸酸甜甜的，讓人感到很有精神。

must Buy

巧克力原點巧克力蛋糕

巧克力原點（Chocolate Origin）
是間巧克力蛋糕專賣店，一定要試
試黑巧克力口味，非常好吃，蛋糕
尺寸從 6～12 吋都有。313 @ 索美
塞百貨地下三樓有分店。

葛瑞特爆米花

葛瑞特爆米花來自舊金山，吃起來
又香又脆，如果經過這間店，一定
會想買一包來試試，推薦焦糖和起
司口味。313 @ 索美塞百貨有分店。

榴槤太妃糖

榴槤口味的太妃糖，雖
然看起來很普通，不過
卻很受歡迎，吃起來香
香甜甜的，口感則很有
彈性。我是在高島屋發
現它的，很多人一買就
是兩三包！

土司工坊奶油花生醬

味道很濃，吃起來鹹鹹滑滑
的，可以抹在麵包和餅乾
上，十分好吃。

紅芭樂汁和芒果汁

新加坡本地生產的產品，也是超市的熱銷商品之一，很好喝。特別推薦紅芭樂汁，比一般芭樂汁來得香濃許多。

美珍香肉乾

在台灣也有很多分店的美珍香，其實是新加坡當地的知名肉乾專賣店，肉乾厚、口感軟，相當好吃。喜歡牛肉、豬肉和雞肉的人，一定會特別喜歡這種點心。如果喜歡吃辣，辣豬肉乾是最佳選擇。

KOKA 泡麵

KOKA 的咖哩粄條泡麵和黑胡椒炒麵泡麵也是每去新加坡必買的東西。

亞坤咖椰醬

如果到亞坤吃早餐，別忘了買幾瓶咖椰醬，滋味濃郁，甜度適中，而且還有椰奶的味道，建議搭配烤吐司一起品嘗。亞坤官網：www.yakun.com

must Buy

叻沙泡麵

叻沙泡麵（Laksa）的麵體是圓麵，吃起來很
有嚼勁，咖哩口味很濃郁，還附有辣椒醬；
嗜辣者可以嘗嘗特辣口味！另外，也可以試
試滷麵（Lor Mee），它也是一種泡麵，湯頭
很濃，味道像泰式豬雜粿仔條。

緹微卡茶葉

緹微卡販售很多種茶葉，包裝也好看。如果因為
種類太多而無法作決定，建議先聞聞味道，也是
一間不會令人失望的店。我想沒有比這句話更貼
切的形容了——「滿袋子的快樂」！→ P72

史密汀茶葉

茶葉選擇很多，像是薄
荷巧克力、有機藍莓、
櫻桃煎茶等。→ P80

多比莊園咖啡豆

多比莊園販售的咖啡豆品質很
好，味道既濃又香，由店內的咖
啡師親手烘焙。→ P78

香草平原杯子蛋糕

香草平原的杯子蛋糕非常有名，每個新幣 3.2 元，而且有很多種口味可供選擇。鬆軟好吃，相當可口，就連蛋糕上方的裝飾也很漂亮。如果買過一次，一定還會想再次造訪。→ P156

野餐小點心

每一口都吃得到巧克力脆片和核桃，用料實在。另外，這裡的經典巧克力烏比派、開心果馬卡龍、海鹽焦糖馬卡龍等都很有名，也受到很多女生喜愛。→ P50

40根指針咖啡粉

40 根指針自家調配的咖啡粉，無論冷著喝或是熱著喝都很適合，即使加了牛奶，也不會掩蓋濃厚的咖啡香。→ P138

中峇魯烘焙坊焦糖醬

焦糖醬的味道很好，非常值得買，無論是淋在冰淇淋、蛋糕或其他點心上都很棒。→ P144

水滴莓類果乾

水滴的人氣商品，有草莓、覆盆子、蔓越莓三種選擇，每包新幣 12.8 元。→ P146

作者推薦私房小物
Take Home

1. 筆袋、肥皂盒 高島屋
2. 徽章 書中森林 P66
3. 鑰匙圈 東奇塗鴉 P108
4. 明信片 史密斯街
5. 卡片、貼紙 新加坡美術館
6. 復古貼紙 真實書坊 P132
7. 錢包 小椿 P68
8. 小女孩娃娃 小椿 P68
9. 小卡 玩具博物館 P94
10. 紙膠帶 真實書坊 P132
11. 小鐵盒 森林屋 P54
12. 玩具 玩具博物館 P94

作者推薦私房小物

Take Home

1. 小鐵盒、零錢包 高島屋
2. 免費明信片 新加坡美術館
3. 海狸娃娃 東奇塗鴉 P108
4. 貼紙、筆、溫度計 森林屋 P54
5. 貼紙 東奇塗鴉 P108
6. 明信片 書中森林 P66
7. 書、咖啡杯 真實書坊 P132
8. 包裝紙 森林屋 P54
9. 鑰匙圈 東奇塗鴉 P108
10. 筆記本 貓咪蘇格拉底 P88
11. 錢包 東奇塗鴉 P108
12. 摺疊傘、太陽眼鏡 Cotton On（澳洲平價品牌）

作者推薦私房小物
Take Home

1. 包包 Cotton On
2. 貼紙 高島屋
3. 手錶 慕達發購物中心（Mustafa）
4. 鞋子 百勝的小店
5. 拖鞋 路旁小店
6. 復古風衣服 荷蘭村
7. 紙膠帶、印章組、貼紙 貓咪蘇格拉底 P88

Nice to meet you

kith

ROBERTSON QUAY | 7 Rodyk Street #01-33
Watermark @ Robertson Quay
Singapore 238215
+65 8341 9407
www.kith.com.sg

Smitten
DAY MAKERS

THE TINTIN SHOP

56 PAGODA STREET
SINGAPORE 059215
(CHINATOWN MRT - EXIT PAGODA STREET)

Visit our Online Shop : www.tintin.sgstore.com.sg
Mobile : +65 81852210 | Fax : +65 63390123 | Email : info.tintin@email.com

forty h4nds

GROUP THERAPY
space away from the daily grind

Deborah Oh
T: +65 6222 2554
M: +65 9173 4590
E: deborah.oh@gtcoffee.com

49 Duxton Road #00-01 S069513 · www.gtcoffee.com · execute@gtcoffee.com

fika

Tea & Happiness

Food For Thought
Taste The Good Life

1 Cluny Road, Singapore Botanic Gardens, #B1-00, S259569
T: 6338 4848 F: 64791080
mail@foodforthought.com.sg (Enquiries)
community@foodforthought.com.sg (Programmes & Events)
www.foodforthought.com.sg

the little
DREAM STORE

// ANTOINETTE &
STANLEY : dreamkeepers //
7 Ann Siang Hill, Singapore 069791
+65 62255541
hello@thelittledreamstore.com
thelittledreamstore.com
shop.thelittledreamstore.com

indie · polaroid · design · vintage · knick knacks

pw

TIONG BAHRU
BAKERY

Kki
ケーキ

BarStories
a cocktail adventure

cafefables
a coffee trail

STRICTLY PANCAKES

Woods in the Books

designmuseum shop

.wood would..

ReStore

Something old, somewhat new.

Specialising in carefully restored vintage furnishings

Also serving homemade bagels and waffles, accompanied by connoisseur coffee and an assortment of fine tea.

STRANGELETS
MILITANT CRAFTSMANSHIP

OPENING HOURS:
SUN - THU
11.30AM-10.00PM
FRI & SAT
11.30AM-10.30PM

THE HAND BURGER®

THE HANDBURGER IN THREE WORDS.
BOLD. NATURAL. CRAFTED.

THAT'S FOR THE FOOD WE SERVE,
THE WAY WE WORK, AND OUR
INSATIABLE APPETITE TO BRING YOU
THE FRESHEST, FINEST BURGERS.

The ORANGE THIMBLE

WHERE ART MEETS CAFE

• (65) 6223 8059

BLK 58 ENG HOON STREET
#01-68 SINGAPORE 160059

COFFEE@THEORANGETHIMBLE.COM

WWW.THEORANGETHIMBLE.COM

cat socrates

Books

Music

Stationery

Homeware

Collectibles

Doinky Doodles!

OPEN

CLOSED

PHONE

MAIL

ONLINE

UPDATES

This shop contains:

Gourmet
Deli
Café

Bukit Timah
East Coast
Holland Village
Marina Bay
Orchard
Raffles Place
River Valley
Serangoon Gardens

GASTRONOMIA
da paolo

gastronomia@dapaolo.com.sg
www.dapaolo.com.sg
Find us on Facebook

Littered with Books

20 Duxton Road Singapore 089486 • (65)62206824
manager@litteredwithbooks.com • www.litteredwithbooks.com

Jessica Tan
Director (Café)
Email: jessica_ttl@yahoo.com

Drips
Bakery Café

AJ Delices Pte Ltd
82 Tiong Poh Road #01-05
Singapore 160082
Tel: 6222 0400 Fax: 6222 4016
email: enquiry@drips.com.sg
www.drips.com.sg

Contact/Enquiries: 6221 2488

eat@poteato.sg   www.poteato.sg
Follow us on Facebook

10大必去景點 Top 10 Attractions

每個國家都有必訪的幾個景點，新加坡當然也不例外。規畫新加坡之旅的時候，千萬不要錯過這些地方，把這些景點排入行程裡面，好好探索這個美麗又有趣的國家吧！

金沙空中花園 Sands Skypark

空中花園橫跨三棟建築頂端，面積 12,400 平方公尺，約等於三個足球場。距離地面 200 公尺高，且擁有 360 度無死角的觀景台，新加坡美景盡收眼底。花園裡的游泳池非常吸睛，長 150 公尺，一旁就是高樓大廈，泳客彷彿游於空中。

地址：灣景道 10 號（10 Bayfront Avenue）
交通：地鐵海灣舫站下車，從 B 出口出來即抵達金
　　　沙酒店，空中花園在該棟建築樓頂。
時間：09:30 ～ 22:00（一～四）
　　　09:30 ～ 23:00（五～日）
費用：金沙酒店房客免費。成人新幣 20 元、2 ～
　　　12 歲兒童新幣 14 元、55 歲以上新幣 17 元

新加坡摩天輪 Singapore Flyer

座落於濱海灣的新加坡摩天輪於 2008 年啟用，高度達 165 公尺，也是目前世界上最高的摩天輪。往下俯瞰，市區景緻一覽無遺，白天、晚上乘坐各有不同風情，繞行一圈約 30 分鐘。

地址：萊佛士道 30 號（30 Raffles Avenue）
交通：地鐵寶門廊站下車，從 A 出口出來後，
　　　沿著摩天輪方向走即可抵達。
時間：08:30 ～ 22:30（一～日）
費用：成人新幣 29.5 元、3 ～ 12 歲兒童新幣
　　　20.65 元、60 歲以上新幣 23.6 元

濱海藝術中心
Esplanade-Theatres on the Bay

外型特殊的濱海藝術中心於 2002 年開幕，
是新加坡的地標之一，也被稱作「榴槤」，
相當具有東南亞味。許多國際表演都選在
這裡演出，充滿藝文氣息。

地址：濱海公園通道 1 號（1 Esplanade
　　　Drive）
交通：地鐵政府大廈站下車，經城聯廣場
　　　（Citylink Mall）地下街，循指標走
　　　即可抵達。

濱海灣花園 Gardens by the Bay

濱海灣花園是填海造陸而成的一項大工程，園內有
18 棵高聳的擎天樹（Supertree），最高達 50 公尺。
這些樹其實是人造樹，樹幹部分為鋼筋水泥，上面
垂直種滿各種植物。巨樹間有一條天空步道，可以
俯瞰花園與濱海灣的景色，而 19:45、20:45 各有一
場燈光秀，晚上造訪時別錯過囉！這裡還有兩座冷
室：「花穹」和「雲霧林」，也相當值得一訪。

地址：濱海灣花園道 18 號（18 Marina Gardens Drive）
交通：地鐵海灣舫站下車，從 B 出口出來後，循指標走即可抵達。
時間：擎天樹園區（Supertree Grove）早上 5:00 ～凌晨 2:00；天空步道（OCBC
　　　Skyway）09:00 ～ 21:00；花穹冷室（Flower Dome）& 雲霧林（Cloud Forest）
　　　09:00 ～ 21:00
費用：擎天樹園區免費；天空步道成人新幣 5 元、3 ～ 12 歲兒童新幣 3 元；花穹
　　　冷室 & 雲霧林成人新幣 28 元、3 ～ 12 歲兒童新幣 15 元

讚美廣場 Chijmes

美麗的哥德式教堂和寬敞的庭園讓人彷彿身處歐洲，雖然已有百年歷史，但仍保存得相當好。這裡有很多酒吧，越夜越熱鬧，白天和晚上的氛圍截然不同。

地址：維多利亞街 30 號（30 Victoria Street）
交通：地鐵政府大廈站下車，從 A 出口出來，沿著
　　　史丹福路（Stamford Road）走，右轉維多利
　　　亞街即抵達。

小印度 Little India

小印度充滿異國風情，放眼所及都很新鮮，像是色彩鮮豔的沙麗、各式印度食物、印度教的興都廟等。可以到竹腳市場（Zhujiao Centre）品嘗道地美食、造訪小印度拱廊（Little India Arcade）挖挖寶、參訪維拉瑪卡里雅曼興都廟（Sri Veeramakaliamman Temple），體驗不同的文化。

交通：地鐵小印度站下車，附近即為小印度。

魚尾獅公園 Merlion Park

新加坡又稱「獅城」，而魚尾獅是新加坡的象徵物，絕大多數旅客造訪新加坡時，都會將魚尾獅公園排入行程內，白天、傍晚、夜晚拍起來都有不同的美。此處是欣賞金沙酒店燈光秀的好地點，燈光秀有兩場，時間為 20:00 和 21:30，每場約 10 分鐘。

地址：一號浮爾頓（1 Fullerton）前方
交通：地鐵萊佛士坊站下車，從 B 出口出來後，沿著
　　　岸邊走即可抵達。

新加坡環球影城
Universal Studios Singapore

環球影城是大朋友、小朋友都愛的地方！新加坡環球影城分為七大主題區，分別是遙遠王國、馬達加斯加、紐約、古埃及、科幻城市、好萊塢、失落的世界，共有 24 項遊樂設施，其中有 18 項是為新加坡環球影城獨家打造的。在這裡可以玩上一整天，而且周邊商品可愛到會讓荷包大失血！

地址：聖淘沙炮兵大道 8 號（8 Artillery Avenue,
　　　Sentosa Island）
交通：地鐵港灣站下車，轉搭聖淘沙輕軌，於濱海站
　　　下車。
時間：10:00 ～ 19:00（一～日）
費用：成人新幣 68 元、4 ～ 12 歲兒童新幣 50 元（一～五的一日票價格）
　　　成人新幣 74 元、4 ～ 12 歲兒童新幣 54 元（六、日、假日的一日票價格）

裕廊飛禽公園 Jurong Bird Park

裕廊飛禽公園也稱為「鳥園」，鳥類種類達 600 多種，總數超過 9,000 隻。這裡的表演很精采，非常值得看，詳細時間可上官網（http://www.birdpark.com.sg/）查詢。

地址：裕廊山 2 號（2 Jurong Hill）
交通：地鐵文禮站下車，轉搭 94、251 號公車於裕廊飛禽公園站下車。
時間：08:30 ～ 18:00（一～日）
費用：成人新幣 20 元、3 ～ 12 歲兒童新幣 13 元

夜間野生動物園 The Night Safari

全球第一座夜間動物園，捨棄一般的柵欄，改以樹木、溪流、石頭等作為分隔，在這裡可以看到羚羊、犀牛、花豹等動物。遊園車路線大概 3 公里，行程時間約 45 分鐘。

地址：萬禮湖路 80 號（80 Mandai Lake Road）
交通：地鐵宏茂橋站下車，轉搭 138 號公車於夜間野生動物園站下車。
時間：19:30 ～ 24:00（一～日）
費用：成人新幣 35 元、3 ～ 12 歲兒童新幣 23 元（以上價格皆含遊園車費用）

旅遊實用資訊 Travel Info

新加坡曾是英國殖民地，1965 年獨立之後，經濟發展快速，為東南亞富裕的國家；正式國名為新加坡共和國（Republic of Singapore）。新加坡很適合自助旅行，治安良好且交通方便，搭地鐵就能到處趴趴走，而且語言也通。到新加坡旅遊之前，先了解一下當地的情況吧！

地理氣候

新加坡位於赤道以北 137 公里處、馬來半島南端，北方隔著柔佛海峽和馬來西亞相望，領土包括本島及 63 座小島。全年高溫，雨量豐沛，12～3 月為東北季風季節，較潮濕，6～9 月為西南季風季節，較乾燥。

人口

總人口約 500 萬，華人占了 3/4，其次為馬來人、印度人、歐亞混血等其他種族。

時差

新加坡與台灣沒有時差。

電壓

220～240V，50HZ，使用三孔插座。

語言

主要語言有四種，分別是英語、華語、馬來語和淡米爾語。英語為官方語言，使用最為普遍；但其實馬來語才是新加坡的國語。華人除了英語、華語外，也會使用福建話、海南話、廣東話、潮州話，淡米爾語則是印度人所使用的。

簽證

凡持中華民國護照（有限期限 6 個月以上），可免簽證在當地待 30 天。若超過 30 天，出發前須至新加坡駐台北商務辦事處辦理簽證。

新加坡駐台北商務辦事處
地址：台北市仁愛路 4 段 85 號 9 樓
電話：02-27721940

撥打電話

台灣→新加坡：002 ＋ 65 ＋區域碼（去 0）＋電話號碼
新加坡→台灣：001 ＋ 886 ＋區域碼（去 0）＋電話號碼

匯率與貨幣

貨幣單位為新加坡幣（Singapore dollar，簡稱 SGD），紙鈔面額有 2、5、10、20、50、100、500、1,000、10,000，硬幣面額有 1 分、5 分、10 分、20 分、50 分和 1 元。新幣 1 元約台幣 23.5 元，匯率經常變動，實際情況須參照各銀行匯率。

退稅

在新加坡購物所支付的費用都含 7% 消費稅（GST），只要在貼有「Tax Free」標誌的店家消費達新幣 100 元，離境前即可在樟宜機場辦理退稅。

流程：

1. 出示護照，和店家索取退稅單。
2. 抵達樟宜機場後，前往退稅櫃台（GST Refund），出示填寫完畢的退稅單、護照、購買物品和收據，櫃台人員檢查完畢後會在退稅單上蓋章。
3. 拿著單據至退稅服務公司櫃台兌換現金即完成退稅手續。新加坡有「Global Blue」和「Premier Tax Free」兩家退稅公司，排隊辦理手續前須特別留意，以免耽誤時間。

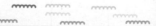

交通資訊 Traffic Info

新加坡交通發達，地鐵、公車、計程車都是很方便的交通工具。自助旅行一般多會搭乘地鐵移動，買票方式、搭乘方式大致上和台北捷運很像，標示都很清楚，有不懂的地方也可以詢問站務人員，即使是初次造訪也不必擔心。

台灣至新加坡

可搭乘華航、長榮、新航、虎航、捷星和酷航。飛行時間約四小時三十分鐘。

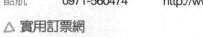

△ 航空公司資訊

華航	02-27151212	http://www.china-airlines.com
長榮	02-25011999	http://www.evaair.com
新航	02-25516655	http://www.singaporeair.com
虎航	02-25096632	https://www.tigerair.com
捷星	0080-1611467	http://www.jetstar.com
酷航	0971-560474	http://www.flyscoot.com

△ 實用訂票網

易飛網	02-77250800	http://www.ezfly.com
易遊網	02-40666777	http://www.eztravel.com.tw
玉山票務	02-25370080	http://www.ysticket.com

機場至市區

可搭乘地鐵、公車、機場巴士或計程車到市區，依機場內的指標，即可到達搭乘處。

△ 地鐵

機場的地鐵站設於二、三航廈，站名為樟宜機場，行駛時間為 05:30 ～凌晨 12:06。價格依搭乘距離有所不同，新幣 1 元起。

△ 公車

三座航廈均有公車站牌，可搭 36 號公車，行駛時間為 06:00 ～凌晨 12:00。價格依搭乘距離有所不同，單程約在新幣 2 元以下。

△ 機場巴士

三座航廈均有機場巴士櫃台，為 24 小時營運，班距 15 ～ 30 分鐘，成人新幣 9 元，兒童新幣 6 元。

△ 計程車

三座航廈均有計程車招呼站，跳錶計費，由機場開往市區，須另加機場附加費新幣 3 元。若在週五至週日 17:00 之後搭乘，還須多支付新幣 5 元。

市區主要交通方式

△ 地鐵

暢遊新加坡最方便的交通工具，分成東西線（East-West Line）、南北線（North-South Line）、東北線（North-East Line）、環線（Circle Line）四條路線，以及武吉班讓輕軌（Bukit Panjang LRT）、盛港輕軌（Sengkang LRT）、榜鵝輕軌（Punggol LRT）、聖淘沙輕軌（Sentosa LRT），輕軌銜接住宅區及聖淘沙。搭乘地鐵的方法和台北捷運差不多，購票後，於閘門感應票卡，循指標走到月台並搭乘。記得出站前還須刷一次卡喔！

△ 公車（巴士）

新加坡公車班次多，也很方便，分為「無空調公車」和「有空調公車」，車資新幣 1 ～ 1.9 元起，有空調公車價格稍貴一些。不找零，須自備零錢，上車投幣即可，也可以使用易通卡，上下車都須刷卡。

△ 計程車

新加坡的計程車以跳錶計費，起跳價新幣 2.8 元起，須在計程車招呼站排隊等車。如果不想排隊，也可以打電話叫車，但須額外付新幣 3 元。

計程車 24 小時預約專線

Comfort 或 City Cab	Trans-Cab	Premier Taxis
電話：65-65521111	電話：65-65553333	電話：65-63636888
SMRT Taxi	Smart Cab	
電話：65-65558888	電話：65-64857777	

交通票券

△ 普通車票（Standard Ticket）

可於地鐵站售票機購得，新幣 1.1 元起，內含押金新幣 0.1 元。第一次使用後，接下來每次搭乘前都要到售票機加值，30 天內可使用六次。第三次使用時會退回押金，第六次使用時可享九折優惠。購票流程很簡單，一開始先選擇語言，切換成中文介面之後，依序點選購票、要去的地鐵站，接著投幣、取票，和台北捷運相差不大。

△ 易通卡（ez-link card）

類似台北捷運的悠遊卡，地鐵、輕軌、公車都可以使用。若於票務處（Ticket Office）購票，一張新幣 12 元（含儲值金 7 元、不可退製卡費 5 元），7-11 也有販售，一張新幣 10 元（含儲值金 5 元、不可退製卡費 5 元），使用期限五年。卡片金額低於新幣 3 元須加值，可到票務處或是售票機加值，最少須加值新幣 10 元。若於售票機加值，先選擇語言，切換成中文介面之後，再依指示操作就可以了。返國前，可到票務處辦理退費，取回沒用完的金額。使用易

通卡可以省下買票的時間，旅行天數長的話，可考慮買一張易通卡。

網址：http://www.ezlink.com.sg

△ 萬捷通卡（NETS FlashPay）

類似易通卡，一張新幣 12 元（含儲值金 7 元、不可退製卡費 5 元），可用來搭乘地鐵、輕軌、公車，以及餐廳、商店的消費付款。可於地鐵站、iNETS 售票機、7-11 購得。

網址：http://www.nets.com.sg/

△ 新加坡遊客通行卡（The Singapore Tourist Pass）

共有 1、2、3 日卡三種選擇，價格分別為新幣 10、16、20 元，皆須另付新幣 10 元保證金。可無限次搭乘地鐵、輕軌、公車，還能享有餐廳、店家的優惠。有效期限為五天，若於期限內歸還，即可領回保證金；想繼續使用的話，加值方式同易通卡。目前只有以下幾個地鐵站可購得：樟宜機場、烏節、牛車水、政府大廈、萊佛士坊、港灣、武吉士、勞明達、宏茂橋。

網址：http://www.thesingaporetouristpass.com.sg/

住宿 Hotel

在外吃喝玩樂一天後，有個舒服的地方休息是非常重要的！新加坡的住宿型態多元，像是平價的青年旅館、富特色的精品旅館，以及奢華的五星級飯店，價格分布也很廣，旅人們可依照自己的需求作選擇，平價旅館一晚新幣 100 元有找，中高價位旅館、飯店一晚則要新幣 150 元以上。

平價旅館

△ 表情旅館 WINK HOSTEL
地址：摩士街 8A（8A Mosque St.）
交通：地鐵牛車水站 A 出口
電話：65－62222940
網站：http://winkhostel.com/

△ 阿德勒旅館 Adler Hostel
地址：南橋路 259 號（259 South Bridge Rd.）
交通：地鐵牛車水站 A 出口
電話：65－62260173
網站：http://www.adlerhostel.com/

△ 河邊城市旅館 River City Inn
地址：香港街 33C（33C Hong Kong St.）
交通：地鐵克拉碼頭站 A 出口
電話：65－65326091
網站：http://www.rivercityinn.com/

△ 愛美麗山旅館 HangOut
地址：上維奇路 10A（10A Upper Wilkie Rd.）
交通：地鐵小印度站 A 出口
電話：65－64385588
網站：http://www.hangouthotels.com/
　　　singapore/

△ 樹舍 Tree In Lodge
地址：陳桂蘭街 2 號 #02-01（2 Tan Quee
　　　Lan Street#02-01）
交通：地鐵武吉士站 C 出口
電話：65－68845512
網站：http://www.treeinlodge.com/

中高價位旅館、飯店

△ 幸運草旅館 HOTEL CLOVER
地址：橋北路 769 號（769 North Bridge Rd.）
交通：地鐵牛車水站 B 出口
電話：65－63401860
網站：http://hotelclover.com/

△ 王子酒店 Wangz Hotel
地址：歐南園路 231 號（231 Outram Rd.）
交通：地鐵歐南園站 A 出口
電話：65－65951388
網站：http://www.wangzhotel.com/index.html

△ 戴斯飯店 Days Hotel
地址：加連拉加路 1 號（1 Jalan Rajah Rd.）
交通：地鐵諾維娜站 A 出口
電話：65－68086838
網站：http://www.dayshotelsingapore.com/

△ 萊佛士酒店 Raffles Hotel
地址：海灘路 1 號（1 Beach Rd.）
交通：地鐵海灣舫站 B 出口
電話：65－63371886
網站：http://www.raffles.com/singapore/

△ 濱海灣金沙酒店 Marina Bay Sands
地址：灣景道 10 號（10 Bayfront Avenue）
交通：地鐵海灣舫站 B 出口
電話：65－66888897
網站：http://www.marinabaysands.com/

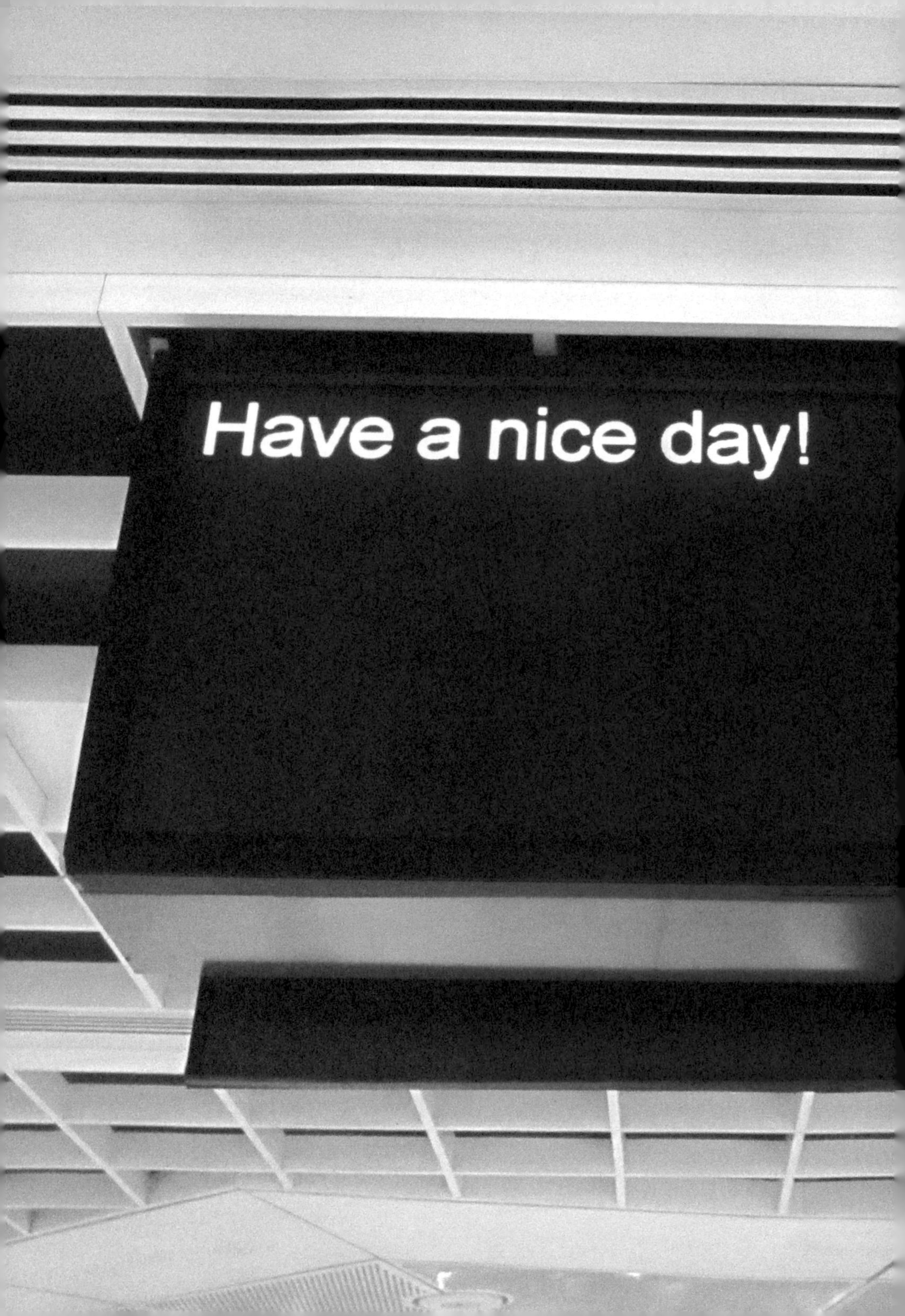
Have a nice day!

尋味漫遊新加坡

Travel Around Singapore

跟著作者的腳步，探訪一間又一間的風格好店！依地
鐵站分成八大區：烏節站和索美塞站、牛車水站、克
拉碼頭站、百勝站、武吉士站、丹戎巴葛站、中峇魯
站和其他好逛好吃區。在咖啡廳啜飲咖啡、品嘗甜點；
在餐廳享受美味餐點；到特色店家搜括各種小物。準
備好了嗎？出發！

烏節站和索美塞站
Orchard and Somerset

　　烏節路是新加坡最熱鬧的商圈，涵蓋了三站地鐵站，包括烏節、索美塞和多美歌。這條路兩側林立著許多知名百貨公司，想找任何知名品牌，來這就對了，這裡也有很多五星級飯店。這次介紹的店家，主要位於烏節和索美塞。

　　在一些百貨公司門口，會有老伯伯推著車販售冰淇淋，這種冰淇淋很特別，是在兩片吐司中間夾入冰淇淋，非常好吃，每份新幣 1 元。無論是早上、中午或晚上，這條路都是滿滿的人潮，而且越晚越多。 一定要看看人群過馬路時的景象，雖然不像東京澀谷街頭那麼壯觀，不過也挺有趣的。

交通：地鐵南北線烏節站（NS22）、索美塞站（NS23）

本區必訪：

🌢 野餐 Pique Nique　　🌢 雨滴 Raindrops

🌢 森林屋 Wood Would　　🌢 查理布朗咖啡專賣店 Charlie Brown Cafe

野餐
Pique Nique

地址：烏節路 391A 義安城 A 棟高島屋 #B1-
01/02（391A Orchard Rd. Ngee Ann City
Tower A Takashimaya #B1-01/02）
交通：地鐵索美塞站 B 出口（map 見 P59）
營業時間：10:00 ～ 21:30（一～日）
網址：www.piquenique.com.sg

　　這間餐廳走美式復古風，裝潢很吸睛，很多人都會拿著相機、手機拍拍店內的擺設。雖然位在百貨公司裡，又緊鄰超市和速食店，不過卻不會感到很吵雜。野餐之所以受歡迎，出色的裝潢是原因之一，更重要的是有美味的餐點。野餐的老闆彭國強（**Kok Keong Pang**）為新加坡名廚，正因為這層背景，這裡的餐點品質和味道都有一定水準。

　　所有餐點之中，我們最喜歡燉牛肉佐薯條，是由又大又多的薯條搭配西式燉牛肉濃湯所組成，無論是把湯倒在薯條上吃，或是拿薯條沾著湯吃都可以，一盤新幣 15 元，兩個人吃剛剛好。炸蝦佐白酒醬汁也很值得推薦，一旁附有清炒彩椒和義

大利麵，一盤新幣 18 元。甜點部分可以試試布丁佐香草冰淇淋，一份新幣 12 元。飲料選擇也很多，像是茶、咖啡、巧克力及冰沙。另外，野餐全日提供早午餐，每份新幣 15.8 元，適合晚起床，卻還是想吃早餐的人。這裡的餅乾和蛋糕也很好吃，尤其是蛋糕，被新加坡部落客評選為前十名必吃甜點，建議可以外帶嘗嘗。

雨滴
Raindrops

地址：烏節聯通道 2 號 Scape 創意社區中心 #02-38（2 Orchard Link Scape#02-38）
交通：地鐵索美塞站 B 出口（map 見 P59）
營業時間：11:00 ～ 1:00（一～日）
網址：www.raindrops.sg

　　店名聽起來很浪漫，店內也布置得相當浪漫。雨滴座落在新加坡最熱鬧的烏節路上，儘管如此，店裡給人的感覺卻很寧靜，讓人忘卻外界的喧鬧。這間店剛好位在一棵大樹旁，四面皆採玻璃落地牆面，可以清楚看到外面的風景；分有室內和室外座位，可依個人喜好作選擇。餐廳中沒有過多的裝飾，營造出簡單舒適的感覺，還採用造型可愛的桌椅，和店裡氛圍相當契合。店家刻意露出燈具的電線作為裝飾，相當特別。就算只是靜靜坐著，看看店家布置的巧思，也是滿有趣的事。

　　「小漢堡餐」（新幣 16 元）是尺寸較小的漢堡，可同時品嘗雞肉、魚肉和牛肉三種口味的漢堡，還附有薯片和蔬菜。墨魚海鮮義大利麵（新幣 20 元）也不錯，有蝦子、干貝等海鮮，味道濃郁，建議可以點杯白酒。

飯後甜點一定要嘗嘗馬斯卡朋慕斯（新幣9元），有琴酒和咖啡奶酒的香氣，如果再點杯拿鐵就更完美了，也有茶、雞尾酒等可選擇。這裡的餐點選擇很多，如果很多人一起來，可以各種餐點都嘗嘗。找一個下雨天到這坐坐吧！會讓你有特別的感受喔！

森林屋
Wood Would

地址：烏節路 333A 文華購物廊 #03-24（333A Orchard Rd. Mandarin Gallery#03-24）
交通：地鐵索美塞站 B 出口（map 見 P59）
營業時間：10:30 ～ 21:30（一～日）
網址：www.woodwould.net

　　森林屋之前座落在漢迪路（Handy Rd.）的國泰大廈內，後來才搬到烏節路上的文華購物廊。新址的空間較大，一推開門，就感受到「美好舊時光」的感覺。這間店的商品很多，像是復古玩具、居家用品、布置小物、文具、筆記本、明信片、收納鐵盒、布製包包、咖啡杯等，有些是放在玻璃櫥櫃裡，有些則是放在展示桌上。店裡的商品來自世界各地，即使沒有買東西，單純逛逛看看感覺也很不錯。對我來說，森林屋是間搜羅了各種令人喜愛的小擺設的店家。

查理布朗
咖啡專賣店
Charlie Brown Cafe

地址：烏節路 333 號 313@ 索美塞 #01-25/25A
　　　（313 Orchard Rd.313@Somerset#01-25/25A）
交通：地鐵索美塞站 B 出口（map 見 P59）
營業時間：08:00 ～ 23:00（一～日）
網址：www.charliebrowncafe.com.sg

　　如果喜歡查爾斯・舒爾茲（Charles M. Schulz）的作品《花生漫畫》裡的史努比和查理布朗，那一定要到這間店走走，這間分店是南亞第一間海外分店。查理布朗咖啡專賣店位於 313 @ 索美塞百貨公司裡的發現區（Discovery Walk），店門口有一個很大的查理布朗模型，相當顯眼。

　　店內牆上都是熟悉的人物，包括史努比、查理布朗、露西、莎莉、奈勒斯和小黃鳥等，桌上也有他們的蹤跡。餐點走美式風，像是三明治、炸雞、鬆餅、巧克力蛋糕、起司蛋糕等，最推薦以漫畫中的人物來取名的鬆餅，像是露西草莓（新幣 9.8

C. Peanuts Programme of RM™

元），香氣十足的鬆餅搭配草莓醬及鮮奶油，還有奈勒斯覆盆子（新幣 9.8 元），而且鬆餅上還用糖粉畫出人物的樣子。飲料方面有茶、咖啡、果汁和冰沙等。

這裡也有英式和美式的全日早午餐，建議可以試試「查爾斯的最愛」（新幣 12.8 元），包含兩顆煎蛋、雞肉香腸、火雞肉火腿、可麗餅和吐司，飲料則是茶、咖啡、柳橙汁擇一。店裡還有販售漫畫周邊商品，是作為伴手禮的好選擇。

烏節站和索美塞站 Orchard and Somerset

A 野餐 Pique Nique P50

B 雨滴 Raindrops P52

C 森林屋 Wood Would P54

D 查理布朗咖啡專賣店 Charlie Brown Cafe P56

牛車水站
Chinatown

　　在牛車水，有一整排被稱為「街屋」（Shophouse）或「排屋」（Terrace house）的房子，之前新加坡政府原本打算拆除這些房子，但引起不少反對聲浪，這些建築才得以保留至今，遊客也才有機會看到它的美。

　　牛車水是新加坡貿易、文化、娛樂中心，其中心位置在史密斯街（Smith St.）與寶塔路（Pagoda Rd.）的交會之處。馬路旁有很多餐廳、廟宇，特別的是，這裡有間印度廟──馬里安曼興都廟（Sri Mariamman Temple），吸引很多印度教徒與觀光客到此參拜。而安祥山（Ann Siang Hill）是此處具特色的購物區，有很多餐廳與可愛的小店。

　　如果是下榻在牛車水附近，不用擔心晚上找不到東西吃，這裡有很多中式餐廳可供選擇。新加坡的店家不算早打烊，而牛車水的人更可以說是全新加坡最晚睡的人了！

交通：地鐵東北線牛車水站（NE4）

本區必訪：

- Lomo 相機專賣店 Lomography
- 丁丁專賣店 The Tintin Shop
- 書中森林 Woods in the Books
- 小椿＆凱奇 The Little Drom Store & Kki
- 緹微卡 Teyvika

Lomo相機專賣店
Lomography

🐻 👜

地址：橋南路 295 號（295 South Bridge Rd.）
交通：地鐵牛車水站 A 出口（map 見 P75）
營業時間：10:00 ～ 19:00（一～六）
　　　　　星期日公休
網址：www.lomography.sg

　　如果喜歡俄羅斯品牌，又是 Lomo 相機的愛好者，那一定不可錯過 Lomo 相機專賣店。這間店常推出新品，逛的人也多，店內總是很熱鬧。若住在牛車水，大多都會經過這間店，因為它很靠近人群聚集的史密斯街，很多美味的餐廳座落於此，因此成為觀光客必訪的店家之一。

　　Lomo 相機專賣店的招牌底色為鮮豔的紅色和桃色，店名則採用白色，遠遠就看得到它。店門口為大片的玻璃牆面，店內採用高亮度的燈具，整體相當明亮，即使只是碰巧經過，仍讓人想一探究竟。另外，牆上貼滿了用 Lomo 相機拍攝的照片，看起來就像是小小的展覽館，滿有趣的。店裡還擺了各個年代的 Lomo 相機，讓人看了目不暇給、不想離開。

丁丁專賣店
The Tintin Shop

🎒 👜

地址：寶塔街 56 號（56 Pagoda St.）
交通：地鐵牛車水站 A 出口（map 見 P75）
營業時間：11:00 ～ 21:00（一～日）
網址：www.tintin.sgstore.com.sg

　　丁丁（Tintin）是比利時漫畫家喬治‧勒米（Georges Remi，筆名是艾爾吉）的作品《丁丁歷險記》裡男主角的名字，它也是 20 世紀歐洲最流行的漫畫，被翻譯成 50 多種語言，全世界銷量超過兩億本，另一個說法是超過三億五千萬本。從這些資訊可以得知，《丁丁歷險記》相當受歡迎，而相關商品也越來越多。

　　丁丁專賣店全世界僅有七間，亞洲只有日本和新加坡才有，而新加坡店位於牛車水中心。無論有沒有買東西，店員都很歡迎大家來逛逛；門口也有哈達克船長、丁丁和米魯的一比一模型，若先告知店員，他們也不會阻止大家拍照。

　　店內販售的商品價格偏高，不過大家仍願意掏錢購買，卡通人物的小模型就是很受歡迎的商品。這邊有成套的《丁丁歷險記》（一套24本，平裝本每本新幣11元，精裝本每本新幣29元）、包包、海報、明信片（新幣8元）、Ｔ恤（新幣45元）、手錶、文具、鑰匙圈、咖啡杯等。丁丁和他的朋友實在太可愛了，讓人想把這些周邊統統帶回家。

書中森林
Woods in the Books

🐻 👜

地址：客納街 56 號（56 Club St.）
交通：地鐵牛車水站 A 出口（map 見 P75）
營業時間：11:00 ～ 20:00（一～六）
　　　　　12:00 ～ 18:00（日）
網址：www.woodsinthebooks.sg

　　書中森林是間小小的書店，座落於客納街上，一看到這個店名，就想入門一探究竟。這間書店所販售的書都是給小朋友看的，包括童話、小說和文學作品，多半出自世界知名的作家及畫家之手。這間店的老闆是麥克（Mike Foo），也可以叫他穆夫（Moof），為新加坡知名畫家，畫風溫暖、可愛，店裡也有他的作品，像是用水彩繪製的明信片「A-Z 動物套組」，以及牆上掛著的畫作，與店裡的風格相當契合。

　　店內也有販售紀念品，像是布製包包、風鈴、徽章、筆記本等。麥克說，店內還可以作為展覽場地，不時展出新加坡知名畫家的畫作，也是新書發表會的舉辦場地。如果造訪書中森林，幫我跟他的狗狗史考特打聲招呼吧！

小椿＆凱奇
The Little Drom Store & Kki

🍵 🍴 🎒 👜

地址：安祥山 7 號（7 Ann Siang Hill）
交通：地鐵牛車水站 A 出口（map 見 P75）
營業時間：12:00 ～ 20:00（一、二、三、五、六）
　　　　　12:00 ～ 19:00（四）
　　　　　13:00 ～ 19:00（日）
網址：www.thelittledromstore.com

「小椿」和「凱奇」這兩間店是合作關係，所以一起介紹。「小椿」販賣很多可愛的東西，像是飾品、復古玩具、布包包、明信片、書籍、雜誌、咖啡杯與一些手工製品。老闆的 Sense 很好，因此店內的東西都很不錯。

另一間店是「凱奇」（Kki 的發音為 k-ki，日語中是指蛋糕），在新加坡有一定的知名度，常擠滿了當地年輕人與觀光客，店內僅有 20 張椅子，往往坐無虛席。老闆娘為戴芬妮（Delphine Liau），她說由於她的男朋友曾學過日式蛋糕，因此才催生了這間店，經過無數次嘗試，終於做出外表美觀、口感鬆軟且入口即化的蛋糕。

推薦兩款蛋糕，一是「飯團」（新幣 8.5 元），另一款是「愛蜜莉」（新幣 9 元），若是再來杯熱拿鐵（新幣 4.5 元），那就是最棒的組合了，吃完之後絕對會心滿意足地離開。在新加坡的蛋糕店之中，這間店是我心中的第一名！

凱奇
營業時間：12:00 ～ 19:00（二～六）
　　　　　13:00 ～ 19:00（日）

緹微卡
Teyvika

地址：廈門街 97 號（97 Amoy St.）
交通：地鐵牛車水站 A 出口（map 見 P75）
營業時間：08:00 ～ 21:00（一～四）
　　　　　08:00 ～ 22:00（五）
　　　　　10:00 ～ 22:00（六）
　　　　　星期日公休
網址：www.teyvika.com

　　廈門街是我們很喜歡走走逛逛的區域之一，這一帶的大樓很漂亮，而且也有很多大樹。這裡以印度人和華人為主，雖然國籍不同，卻能夠和平共處。記得那天我們正在附近閒晃，由於天氣很熱，想找間可以坐著喝東西的店，無意中就找到了緹微卡。

　　在新加坡，咖啡廳並不難找，不過專業的茶飲店並不多，而緹微卡不但專業，也很舒適。店裡的天花板採挑高設計，不會有壓迫感，一走進去心裡馬上就平靜許多，地板則採用強化的木質地板，予人溫暖的感覺，而在桌椅擺設方面，間距拿捏得剛剛好。店裡也擺了幾張黑沙發，並搭配上橘色靠枕，剛好突顯出店內喜歡運用對比色的特色。另外，燈光亮度適中，不會過暗也不會太亮。緹微卡的整體環境很棒，適合久坐。

　　店裡有十幾種茶飲，無論是冰茶或熱茶都有。由於我們造訪那天較熱，所以點了「緹魁瑞」（新幣 5.5 元），這是種芒果口味的冰沙，喝起來甜甜酸酸的，很好喝。還可以買些茶包當伴手禮，包裝很漂亮，相信收到禮物的人一定會覺得很高興。

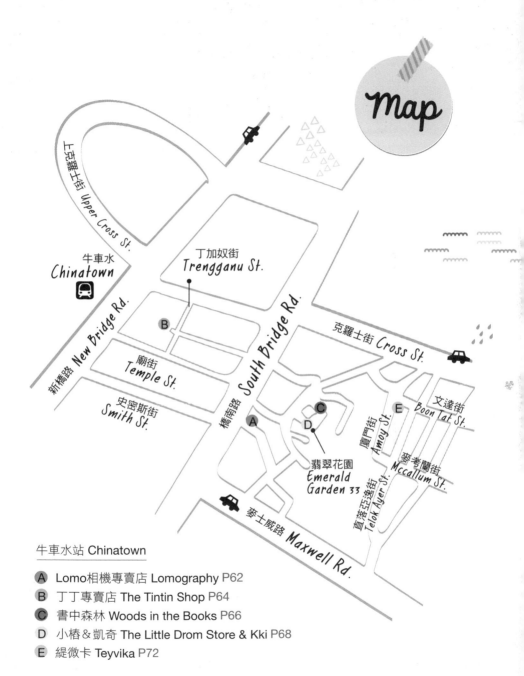

牛車水站 Chinatown

Ⓐ Lomo相機專賣店 Lomography P62

Ⓑ 丁丁專賣店 The Tintin Shop P64

Ⓒ 書中森林 Woods in the Books P66

Ⓓ 小椿＆凱奇 The Little Drom Store & Kki P68

Ⓔ 緹微卡 Teyvika P72

克拉碼頭站
Clarke Quay

　　克拉碼頭、駁船碼頭和羅伯森碼頭曾是新加坡河上的三大商港碼頭，後來克拉碼頭的倉庫被改建為各式餐廳、Pub、Bar，越夜越熱鬧，也是觀光客和新加坡人非常喜歡造訪的一區。

　　在這裡，有些人會在餐廳用餐聚會、在英式酒吧喝啤酒聽音樂，或是在河畔走走看看風景；若想尋求新鮮刺激，可以試試 G-Max（票價新幣 30 元），玩法是坐在鐵製的橢圓形座椅上，再利用彈射原理，以時速 200 公里把人彈至 60 公尺高，相當刺激。克拉碼頭是個很棒的地方，玩法多元，可動可靜。

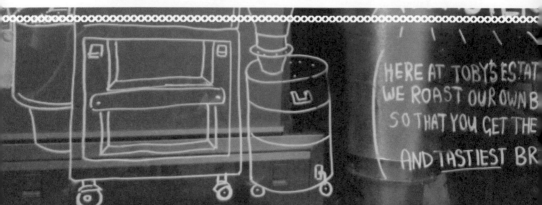

交通：地鐵東北線克拉碼頭站（NE5）

本區必訪：

🍂 多比莊園 Toby's Estate　　🍂 史密汀 Smitten

🍂 凱思咖啡 Kith Cafe

多比莊園
Toby's Estate

地址：羅泰街 8 號 #01-03/04（8 Rodyk St. #01-03/04）
交通：地鐵克拉碼頭站 C 出口（map 見 P85）
營業時間：07:30 ～ 18:00（一～日）
網址：www.tobysestate.com.sg

　　新加坡的優質咖啡廳很多，若要選出一家最棒的，非多比莊園莫屬，而且不只我這麼覺得，很多人也給予它相當高的評價。多比莊園座落於克拉碼頭旁，店裡裝潢走工業風，空間寬敞且有很高的天花板，放眼所及多半是未經修飾的水泥原色，包括鐵材、木材和磚塊也都以原來的狀態呈現，沒有再上色。店裡的角落，還可以看到裝飾用的咖啡豆麻袋與烘焙咖啡豆的機器。整體而言，店裡的色系以黑、灰、咖啡色為主。

　　多比莊園採用來自世界各地的優良咖啡豆，且都在店裡烘焙，店裡也有販售包裝精美的咖啡豆，可以買回家沖煮或送人。最特別的是，這裡的咖啡師都拿過相關獎項，相當專業。想品嘗他們沖煮的咖啡花費並不貴，一杯只要新幣 5 元。另外，我建議坐在店中央的大桌子，可以和其他咖啡愛好者坐在一起，是個很棒的經驗。

　　這裡的餐點也很美味，可以嘗嘗奶油培根義大利麵或蕃茄鮭魚義大利麵（新幣 14 元）。如果想要有更完美的體驗，一定要點一瓶白蘇維翁（一種清新的白酒，一瓶新幣 70 元），邊喝邊享受這裡愉悅的氛圍。

史密汀
Smitten

地址：北運河路 36 號 #01-11（36 North Canal Rd. #01-11）
交通：地鐵克拉碼頭站 C 出口（map 見 P85）
營業時間：11:30 ～ 15:30（一～二）
　　　　　11:30 ～ 22:00（三～六）
　　　　　星期日公休
網址：www.smittencafe.com.sg

　　史密汀是間迷你咖啡廳，空間雖小，卻很可愛。如果未來有機會開一間屬於自己的咖啡廳，我會想打造成史密汀的風格，而且容易管理。店內空間不大，但規畫得很好，右側是餐飲櫃和冷藏櫃，左側則是長桌用餐區，有效利用有限的空間。史密汀也有戶外用餐區，約有三、四張桌子。

　　飲品方面，有茶、咖啡和無咖啡因的茶與咖啡，大吉嶺紅茶、阿薩姆紅茶、尼爾吉里紅茶每壺新幣 6 ～ 13 元；熱咖啡一杯新幣 3.8 ～ 6.5 元；冰咖啡一杯新幣 4.7 ～ 7 元。店內也有供餐，像是燻鮭魚帕尼尼（新幣 9.9 元）、火腿起司帕尼尼（新幣 8.9 元）、香烤義式臘腸帕尼尼（新幣 8.9 元）。最推薦香烤義式臘腸帕尼尼，它的醬汁是由芥末籽醬、蜂蜜芥末醬和日式美乃滋調製而成，味道恰到好處。史密汀也有各式甜點，如：冰淇淋、杯子蛋糕、起司蛋糕、提拉米蘇和馬卡龍等。

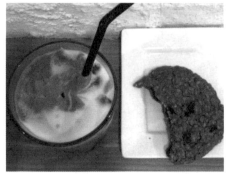

凱思咖啡
Kith Cafe

地址：羅泰街 7 號 #01-28（7 Rodyk St. #01-28）
交通：地鐵克拉碼頭站 C 出口（map 見 P85）
營業時間：07:00 ～ 19:00（一～日）
網址：www.kith.com.sg

　　凱思咖啡的桌子、櫃檯、長椅和凳子都很吸引人，而且部分家具保留了木頭原本的樣貌，呈現天然的質地與紋路，看起來很特別；菜單用粉筆寫在黑板上，一目了然。店裡的咖啡混合了澳洲和新加坡的風味，味道恰到好處，而且相當香醇；餐點偏向家庭料理的風格，有烘焙點心與三明治，且三明治的用料品質很好。值得一提的是，店裡的東西都是當日現做現賣，不會存放隔夜。

　　晴天時，常常會有父母帶著小朋友到這裡，用餐完畢後，再到附近的河岸公園走走。這時就會發現，幸福的源頭是來自家裡，而且幸福很簡單！

克拉碼頭站 Clarke Quay

- Ⓐ 多比莊園 Toby's Estate P78
- Ⓑ 凱思咖啡 Kith Cafe P82
- Ⓒ 史密汀 Smitten P80

百勝站
Bras Basah

　　百勝路（Bras Basah Rd.）上有很多知名景點，像是新加坡美術館（Singapore Art Museum）、走高級路線的萊佛士酒店（Raffles Hotel）、建於 1832 年的耶穌善牧主教堂（Cathedral of the Good Shepherd）與新加坡管理大學（Singapore Management University）。新加坡過去曾被英國殖民，所以在這裡可以看到許多遺留下來的美麗歐式建築，也有很多大樓。

　　百勝樓（Bras Basah Complex）是間複合式大樓，裡面有百來家店舖，包括書店、3C 商品專賣店、影印店等。而在維多利亞街（Victoria St.）上，還有新加坡國家圖書館（National Library Board of Singapore）。對我來說，這個區域沒那麼擁擠，最重要的是到處都是值得光顧的餐廳與咖啡廳。

交通：地鐵環線百勝站（CC2）

本區必訪：

- 貓咪蘇格拉底 Cat Socrates
- 玩具博物館 Mint Museum of Joys
- 回味無窮 Food For Thought
- 就是鬆餅 Strictly Pancakes

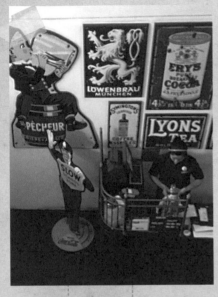

貓咪蘇格拉底
Cat Socrates

地址：貝恩街百勝樓 2 樓（2F, Bras Basah Complex, Bain St.）
交通：地鐵百勝站 A 出口（map 見 P101）
營業時間：12:00 ～ 20:00（一～六）
　　　　　13:00 ～ 19:00（日）
網址：www.catsocrates.com.sg

曾在一個新加坡人的部落格上看到，若造訪新加坡，貓咪蘇格拉底絕不容錯過。這間店位在百勝樓裡，消費屬中價位，而在這次新加坡之旅中，它是我停留最久的一間店，這都是因為店裡那些可愛小東西的緣故，像是咖啡杯、筆記本、各式文具、鐵皮玩具、照相機、相機包、拼布作品、復古風衣服、竹編籃、木製小盒、明信片、相框、小印章、紙膠帶、家具和布置廚房的小物等。

　　參觀過店裡後，深深覺得老闆娘海倫（Helen Jiang）實在太厲害了，可以找到那麼多吸引人的東西，而這就像她寫在明信片上的標語「我們收集了各種美麗的東西，並結合了有趣的元素」一樣，因此前來的客人幾乎都會買一兩樣東西才走。結帳時，我問老闆娘關於店名的由來，她笑嘻嘻地說：「因為我的貓！」手指著牆上的一張照片，那是隻胖胖的貓，牠的臉看起來真的和蘇格拉底有幾分神似呢！

cat socrates

回味無窮
Food For Thought

地址：皇后街 8 號（8 Queen St.）
交通：地鐵百勝站 A 出口（map 見 P101）
營業時間：9:00 ～ 22:00（一～六）
　　　　　 9:00 ～ 21:00（日）
網址：www.foodforthought.com.sg

　　回味無窮最大的特色就是建築的外觀，上半部是由深紅色鋼板所組成，下半部則是整片的玻璃牆面，牆上大大標著店名和一句小小的標語「理想中的美食」。店裡的桌椅很舒適，讓人待著不想起身，整體布置也很特別，像是天花板掛了數百個玻璃瓶，其中有些還被改造為吊燈。看了這些布置巧思後，很想把這些想法運用在居家布置上呢！

　　回味無窮從早上九點到下午五點都有供應早餐，如果比較晚起，但仍想吃早餐，建議可以來此享用，舒服度過一個早上。那天我們點了「全餐」（新幣 18 元），包括炒蛋、培根、雞肉香腸、薯餅、布里歐麵包、炒菇，還有很大盤的蕃茄沙拉。享受美食的同時，店裡也放著好聽的爵士樂，食物和氣氛都很棒。這裡的法式起司濃湯、義大利麵、三明治也都值得一嘗，而飲品方面，除了茶、咖啡和奶昔外，還

有紅、白酒（新幣 10 元）可供選擇。
如果還想來份甜點，可以試試綜合
野莓鬆餅或是香蕉核桃鬆餅（新幣
10 元），都是相當不錯的選擇。

　離開前，別忘了到店裡賣紀念品
的地方，買個上面寫著「品嘗好食
物」的徽章當紀念。這裡離新加坡
美術館不遠，如果對藝術有興趣，
還可以到新加坡美術館來場藝術展
覽之旅。

玩具博物館
Mint Museum of Joys

地址：城街 26 號（26 Seah St.）
交通：地鐵百勝站 A 出口（map 見 P101）
營業時間：09:30 ～ 18:30（一～日）
網址：www.emint.com

　　博物館的 DM 寫著「世上第一間以玩具為主題的博物館」，是不是勾起你的興趣了呢？若想一探究竟，需購票才能入內參觀，全票新幣 15 元，敬老票及兒童票新幣 7.5 元。進入這棟五層樓的建築物後，彷彿回到童年的美好時光，而且館內的收藏量相當驚人，共有五萬多件各式玩具，來自美國、英國、德國、保加利亞、日本等 40 多個國家。雖然這些玩具的年齡已經超過十年了，不過仍保存得很好。

我最喜歡五樓的超級英雄系列人偶，尤其是迪士尼的 Marvel 英雄系列。在欣賞這些玩具時，彷彿被下了魔法，整個人到了另一個世界一樣。五樓的外太空系列也很吸引人，有太空船與太空人的模型，屬於 1950 年代的產品。這間博物館除了收藏量驚人外，分類展示部分也做得很好。另外，館內合適的燈光照射，讓這些展示物更具吸引力。離開前可以到一樓的酒吧坐坐或是買些紀念品，價格適中，負擔不會太重，適合買來送給朋友。

mint shop

就是鬆餅
Strictly Pancakes

地址：布連拾街 44 A（44 A Prinsep St.）
交通：地鐵百勝站 A 出口（map 見 P101）
營業時間：18:00 ～ 22:00（一）
　　　　　11:30 ～ 22:00（二～四）
　　　　　11:30 ～ 24:00（五）
　　　　　10:00 ～ 24:00（六，16:00 ～ 18:00 休息）
　　　　　10:00 ～ 22:00（日）
網址：www.strictlypancakes.com.sg

　　我很喜歡吃鬆餅，凡妮莎知道後，建議我一定要來這間店試試，她覺得這間店的鬆餅是世界上最好吃的！就是鬆餅是間兩層樓的小店，沒有什麼特別的布置和設計，但人潮卻絡繹不絕。店裡幾乎座無虛席，在門口等了一陣子才有位子。

　　點完餐不久，熱騰騰的鬆餅立刻出現在眼前，吃了第一口之後，我敢保證這絕對是五星級的鬆餅，真的很美味！鬆餅的選擇很多，鹹的甜的都有，店家推薦「令人上癮的鬆餅」（新幣 11 元），包括三片厚厚的巧克力鬆餅，撒上糖粉與巧克力碎片，上面還淋了巧克力醬、一球巧克力冰淇淋及新鮮草莓切片。店裡也有供應其他點心，像是薯條、烤馬鈴薯塊、雞翅等（新幣 5 ～ 8 元）。有兩點要特別提醒大家，如果不想苦苦等候，建議別在中午來這間店，另須注意營業時間才不會白跑一趟。

OPENING HOURS

MONDAY
1800 - 2200

TUESDAY - THURSD.
1130 - 2200

FRIDAY
1130 - 0000

SATURDAY
1000 - 0000
CLOSED FROM 1600 1800

SUNDAY
1000 - 2200
CLOSED FROM 1600 - 1800

STRICTLY
PANCAKES

百勝站 Bras Basah

Ⓐ 就是鬆餅 Strictly Pancakes P98
Ⓑ 回味無窮 Food For Thought P92
Ⓒ 貓咪蘇格拉底 Cat Socrates P88
Ⓓ 玩具博物館 Mint Museum of Joys P94

武吉士站
Bugis

　　武吉士聚集了很多種族的人，像是華人、馬來人與占多數的阿拉伯人，他們居住於此，也在這裡開店、開餐廳、賣傳統的東西與穆斯林相關物品。這些店主要位於阿拉伯街（Arab St.），街上充滿繽紛亮眼的建築，讓人有置身阿拉伯世界的錯覺。從 19 世紀開始，中東文化就在這裡發展起來。

　　峇里巷（Bali Ln.）有很多 Pub 和 Bar，適合喜歡夜生活的人；而哈芝巷（Haji Ln.）則有很多特色小店，以及風格各異的 Lounge Bar，因此哈芝巷也變成一條知名的街道，許多外國人都喜歡來這裡走走逛逛。此外，建於 1928 年、新加坡最大的清真寺——蘇丹回教堂也位於此處，回教徒們都會找機會前來參拜。

　　武吉士不但有很多大型購物中心，也有許多販售平價商品的商店，而這兩種不同的型態一點也不衝突，也為新加坡的多元文化增添了幾分色彩。

交通：地鐵東西線武吉士站（EW12）
本區必訪：
🌢 故事酒吧 Bar Stories　　　🌢 咖啡時光 Fika
🌢 東奇塗鴉 Doinky Doodles!　　🌢 兒童博物館 Children Little Museum

故事酒吧
Bar Stories

地址：哈芝巷 55-57A（55-57A Haji Ln.）
交通：地鐵武吉士站 B 出口（map 見 P115）
營業時間：15:00～01:00（一～五）
　　　　　12:00～01:00（六）
　　　　　12:00～20:00（日）
網址：www.barstories.com.sg

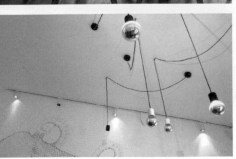

　　某天在阿拉伯街閒晃時，從許多小店的落地玻璃看到了店內展示的東西，接著便走進了哈芝巷。那天的天氣有點悶，很想喝點冰涼的雞尾酒，剛好這時停在有著白色外觀的故事酒吧前，於是我們走了進去、上到二樓。這間店一半是 Bar，另一半則是賣二手家具的地方，這些家具大部分都是出自 1950 年代知名設計師之手。

　　店中央是吧台，地面鋪設了大片木板，而牆上繪有顯眼的大章魚彩繪。點雞尾酒時，老闆娘推薦榛果綜合莓果雞尾酒（新幣 12.8 元），喝起來真的很不錯。這裡的雞肉串（新幣 8 元）也很美味，雞肉使用照燒醬汁調味再烤過，還附有泡菜可搭配食用。

　　待在故事酒吧很舒服，音樂也相當好聽，彷彿在朋友家參加派對一樣。另外，二樓另一側有間家具店「千年傳說」（A Thousand Tales），展示許多二手家具；這兩間店的老闆是同一人。在所有二手家具中，我最喜歡阿勒戴（Aleda）的椅子（新幣 567 元），甚至想把它扛回家！

咖啡時光
Fika

☕ ✗

地址：海灘路 257 號（257 Beach Rd.）
交通：地鐵武吉士站 B 出口（map 見 P115）
營業時間：11:00 ～ 23:00（一～日）
網址：www.fikacafe.com

　　咖啡時光位於阿拉伯街轉角處，走北歐風，採用白色系作為裝潢主調，無論是室內、室外的桌椅，還是窗簾都是白色的，整間店看起來相當乾淨舒適。由於店內提供回教徒可品嘗的清真食品，因此很受住在附近的阿拉伯人歡迎。

　　餐點種類很多，除了單點外，還有套餐可選擇。早餐部分建議點「咖啡時光大分量早餐」（新幣 18.8 元），包括炒蛋或煎蛋、雞肉香腸、烤馬鈴薯、炒菇、蕃茄、雞肉培根、雞肉火腿和吐司等，飲料有瑞典藍莓茶、玫瑰果茶、咖啡、茶供選擇。此外，還有很多美味的餐點，讓人不知道從何選起，像是排餐、義大利麵、沙拉（煙燻鮭魚沙拉是店裡的招牌）、可麗餅和三明治。

　　無論何時造訪，千萬別忘了點瑞典肉丸套餐，除了有好吃的肉丸外，還附有烤馬鈴薯跟白醬，口味道地。在甜點方面，我最喜歡的是越橘起司蛋糕（新幣 7.5 元），味道甜甜酸酸的，作為餐後甜點最適合不過。

東奇塗鴉
Doinky Doodles!

地址：峇里巷 33 號 2 樓（2F 33 Bali Ln.）
交通：地鐵武吉士站 B 出口（map 見 P115）
營業時間：13:00 ～ 20:00（二～六）
　　　　　星期一、星期日公休
網址：www.doinkydoodles.com

東奇塗鴉位在很多 Pub 和 Bar 的峇里巷裡，某棟建築的二樓，樓梯間的彩繪讓人眼睛為之一亮，像是歡迎客人的到來。店裡擺滿許多小東西，大部分都是手工製的，有著手工製品的獨特魅力。我問老闆皮新（Pixin），為什麼那麼喜歡河狸，甚至把牠當作 Logo，還做了一系列的作品，像是生氣的河狸、快樂的河狸、聰明的河狸等。皮新笑嘻嘻地回答：「因為河狸是很顧家的動物，而且無論做什麼事都充滿了耐心。」

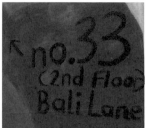

　　店裡的商品，像是娃娃、小袋子、大包包、居家小物、明信片、文具、筆記本、手繪圖、二手衣服等，大多都是老闆和他熱愛藝術的朋友製作的，色彩豐富與活潑生動是作品的特色，每兩個月店裡還會舉辦手工縫紉教學課程。另外，如果住得比較遠或是不方便到店裡，東奇塗鴉還提供線上購物服務。

兒童博物館
Children Little Museum

地址：巴梭拉街 42 號（42 Bussorah St.）
交通：地鐵武吉士站 B 出口（map 見 P115）
營業時間：11:00 ～ 21:00（一～日）

　　誰會想到蘇丹回教堂附近有一間玩具博物館呢？博物館前有個大機器人，看到這個機器人，就知道到達博物館了。這間博物館是棟兩層樓的建築，屬於私人所有，雖然不大，卻收藏了很多有趣的舊東西。

　　博物館入口在二樓，一走進去，似乎到了另一個世界，彷彿回到孩童時期，甚至是爺爺奶奶們的童年時光。這裡的玩具應有盡有，如木製玩具、金屬玩具、塑膠玩具，還有很多兒童繪本、40 幾年前的文具等，而且館中的一角還打造成以前的教室、理髮店、文具店、玩具店和飲料店的樣子。門票也相當便宜，一個人只要新幣 2 元。

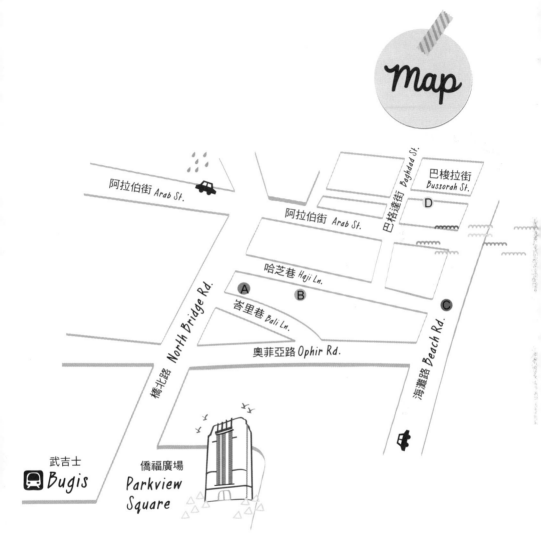

Map

阿拉伯街 *Arab St.*

阿拉伯街 *Arab St.*

巴格達街 *Baghdad St.*

巴梭拉街 *Bussorah St.*

D

哈芝巷 *Haji Ln.*

A   B

峇里巷 *Bali Ln.*

C

奧菲亞路 *Ophir Rd.*

橋北路 *North Bridge Rd.*

海灘路 *Beach Rd.*

武吉士 *Bugis*

僑福廣場 *Parkview Square*

武吉士站 Bugis

A 東奇塗鴉 Doinky Doodles! P108

B 故事酒吧 Bar Stories P104

C 咖啡時光 Fika P106

D 兒童博物館 Children Little Museum P112

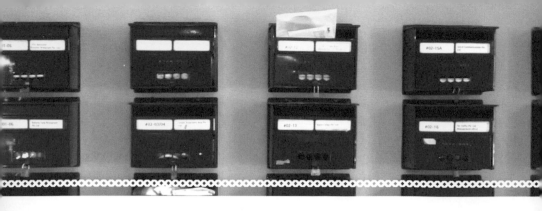

丹戎巴葛站
Tanjong Pagar

丹戎巴葛過去是新加波的一個漁村，具有很重要的歷史地位。以前的街屋和舊公寓，被重新整修為咖啡廳、餐廳、書店、小商店和辦公室，也變成很熱鬧的區域。此外，這裡也有很多大樓、公園和小運動場，晚上常常可以看到年輕人來這裡投籃。丹戎巴葛主要是由克力路（Craig Rd.）、達克頓路（Duxton Rd.）、達克頓山（Duxton Hill）和丹戎巴葛（Tanjong Pagar）四條路相連所劃分出的區域。

由於丹戎巴葛是一個具有歷史的地方，所以這裡有很多具有年代的美麗建築，像是建於 1931 年的丹戎巴葛火車站（Tanjong Pagar Railway Station），即是採用裝飾藝術風格的建築物，而其他舊建築也都保存得很好。另外，這裡還有麥士威小販中心（Maxwell Food Centre），在新加坡相當有名，如果想要了解當地的飲食狀況，不妨到這裡走走。

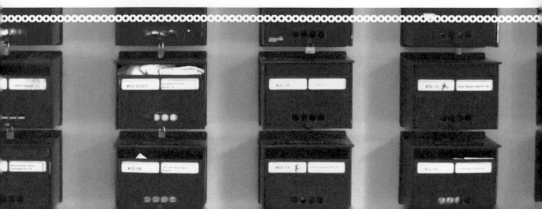

交通：地鐵東西線丹戎巴葛站（EW15）

本區必訪：

- 紅點設計博物館 Red Dot Design Museum Shop
- 書堆 Littered with Books
- 療癒咖啡 Group Therapy
- 瑞思朵兒 ReStore
- 平原 The Plain

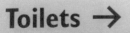

Toilets →

COFFEE
DRINKERS
MAKE
BETTER
LOVERS
THE PLAIN

紅點設計博物館
Red Dot Design Museum Shop

地址：麥士威路 28 號（28 Maxwell Rd.）
交通：地鐵丹戎巴葛站 B 出口（map 見 P129）
營業時間：11:00 ～ 20:00（一～日）
網址：www.red-dot.de

　　紅點設計博物館位於麥士威路，是棟整棟皆為紅色的顯眼建築，吸引很多觀光客到此拍照留念。介紹這間博物館前，先介紹一下紅點設計獎（Red Dot Design Awards），這是由德國著名設計協會於 1955 年所創立的獎項，主要是頒給在產品設計、傳達設計、設計概念領域有傑出表現的人，是個頗富盛名的設計獎，超過 61 個國家、11,000 件作品參賽。

　　新加坡紅點設計博物館是第一個亞洲據點，建築物具有殖民時代的風格，建築物前身則是交通警察總部所在地。目前一部分改建為設計公司的辦公室，另一部分則是產品設計獎的展覽館，展示了來自 55 個國家，超過千件的得獎作品。如果對這些作品有興趣，可以到網站查詢展覽時段（www.red-dot.sg/museum）。若只是單純想購物，可以到博物館商店逛逛，店內販售數百件世界各地設計師的作品，從小東西到大件物品都找得到，價格分布也很廣。

◄ red dot design museum

書堆
Littered with Books

地址：達克頓路 20 號（20 Duxton Rd.）
交通：地鐵丹戎巴葛站 A 出口（map 見 P129）
營業時間：12:00 ～ 20:00（一～四）
　　　　　12:00 ～ 21:00（五）
　　　　　11:00 ～ 21:00（六）
　　　　　11:00 ～ 20:00（日）
網址：https://www.facebook.com/pages/Littered
　　　-with-Books/153135064725041

發現這間書店時，彷彿進入《愛麗絲夢遊仙境》的世界，喜歡看書的人在這裡一定可以感受到美好的感覺。書堆是間獨立書店，店主人希拉（Sheela）之前就讀法律系，也很愛看書，之後他便在達克頓路開了這間小書店。這裡的書籍類型很廣，小說和非小說都有，囊括古典和現代，還有科幻類、驚悚犯罪類、奇幻類、旅遊書和食譜等。

　　書店有兩層樓，空間大又安
靜，一樓最裡面的區域規畫
為兒童區，在這裡可以找
到許多曾經獲獎的小說。
一走上二樓，彷彿走進作家
的房間，高挑的天花板與殖民
文化的布置風格，整體看起來典雅又漂亮。此
外，二樓還有兩面大片的拱形窗，也相當特別。
書架上的書籍擺放得很整齊，足以得知老闆是
個愛書人，有時他還會寫一些書介與書評供顧
客參考。由於老闆的細心與用心，這間書店在
2011年時拿到了《Time Out》雜誌所頒發的「最
佳新書店獎」！

療癒咖啡
Group Therapy

☕✘

地址：達克頓路 49 號 #02-01（49 Duxton Rd.
　　　#02-01）
交通：地鐵丹戎巴葛站 A 出口（map 見 P129）
營業時間：11:00 ～ 18:00（二～四）
　　　　　11:00 ～ 23:00（五～六）
　　　　　09:00 ～ 18:00（日）
　　　　　星期一公休
網址：www.gtcoffee.com

　　達克頓路是我很喜歡的一條街道，因為這裡有很多不同風格與類型的餐廳。這間店位在某棟建築物二樓，一進門會先看到大大的吧台和4、5 張椅子。店裡的天花板和地板都是採用木頭材質，營造出舒適的感覺，如果坐在靠窗的位置，還可以看到外面的風景。待在這裡很像到朋友家玩，然後他煮東西招待你，感覺相當溫馨。

　　店裡的餐點選項不多，如果想吃早午餐，可以點巴馬乾酪炒蛋佐蘑菇與臘腸（新幣 18 元）或烤火腿義大利白乾酪帕尼尼（新幣 16 元），還可以來份焦糖蘋果酥（新幣 8 元）。我最喜歡點份鬆餅（新幣 9 元），簡單淋上楓糖漿，然後再來杯熱拿鐵，邊吃邊看報紙，相當輕鬆愜意，正好也呼應著店名，身心都得到了療癒。

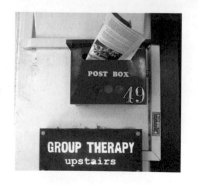

瑞思朵兒
ReStore

🐻 👜 ☕ 🍴

地址：丹戎巴葛路 124 號（124 Tanjong Pagar Rd.）
交通：地鐵丹戎巴葛站 A 出口（map 見 P129）
營業時間：11:00 ～ 19:00（二～五）
　　　　　 11:00 ～ 18:00（六～日）
　　　　　 星期一公休
網址：www.restoreliving.com

　　瑞思朵兒是我的愛店，位在丹戎巴葛路上，有著橢圓形的招牌。從外觀看來空間不大，不過實際上是呈狹長形，空間還算足夠。這間店屬於複合經營，一邊是家具店，另一邊則是咖啡廳，最令人印象深刻的是掛在牆上的一整排復古椅，以及許多木製的椅子、櫃子和桌子，都是 50 ～ 60 年代的風格。這裡的家具只要你喜歡，都可以當場購買帶走。

　　瑞思朵兒的餐點都是由老闆娘明徽（Hwee Min）一個人負責，所以只供應點心和飲品，像是鬆餅、貝果、馬芬、餅乾、冰淇淋、茶和咖啡等，不過價錢不貴，只要新幣 3 ～ 8 元。這間店很可愛，待起來也很舒服，來這邊除了可以慢慢享用餐點，還有機會用到復古家具，像是椅子和沙發等，非常超值。如果喜歡復古風，那麼瑞思朵兒絕對是最佳選擇。

平原
The Plain

地址：克力路 50 號（50 Craig Rd.）
交通：地鐵丹戎巴葛站 A 出口（map 見 P129）
營業時間：07:30 ～ 19:30（一～日）
網址：www.theplain.com.sg

其實平原的店面不太突出，常常會走過頭，但店內卻相當迷人。這間店呈狹長形，裝潢走墨爾本風，以白、黑、灰三種顏色為主，裝飾物較少，牆上還有一些圖像，整體感覺很自然、舒服。店裡的燈光，無論亮度或造型都安排得恰到好處；椅子每一張都是名設計師之作。對我來講，這間店的風格很接近《Monocle》裡報導過的店家，而且剛好店裡也有《Monocle》。

平原很早開門，大約早上七點半就開始營業了，如果比較早起，也可以來這裡享用早餐；店裡的菜單是直接寫在牆上。這裡的早餐套餐、三明治和雞蛋沙拉都值得推薦，最後再點一杯濃郁的黑咖啡，讓整個人清醒一下也是滿不錯的。

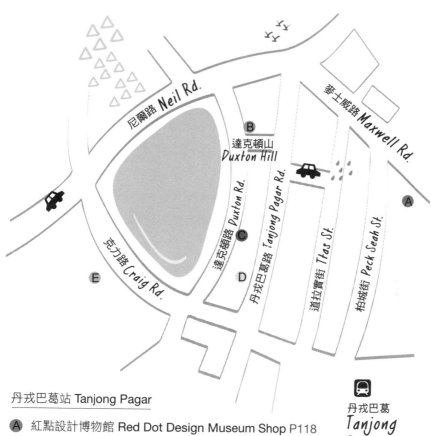

丹戎巴葛站 Tanjong Pagar

Ⓐ 紅點設計博物館 Red Dot Design Museum Shop P118
Ⓑ 書堆 Littered with Books P120
Ⓒ 療癒咖啡 Group Therapy P122
Ⓓ 瑞思朵兒 ReStore P124
Ⓔ 平原 The Plain P126

中峇魯站
Tiong Bahru

　　新加坡政府原將中峇魯規畫為住宅區，後來這個地方逐漸發展起來，原先的舊建築搖身一變，成了咖啡廳、餐廳、書店和商店等，吸引了不少人潮，也變成新加坡相當受歡迎的區域之一。

　　由於新加坡人很守秩序，即使中峇魯日漸繁華、熱鬧，也沒有為此地帶來負面的影響。在這裡不但可以看到全家大小一同出外遊玩，或是在公園裡騎腳踏車，還有許多觀光客在咖啡廳裡享受悠閒的時光，放鬆身心；這些景象正是中峇魯的最佳寫照。

交通：地鐵東西線中峇魯站（EW17）

本區必訪：

- 真實書坊 Books Actually
- 40 根指針 Forty Hands
- 橘色頂針 The Orange Thimble
- 水滴 Drip
- 奇子 Strangelets
- 波茶多 PoTeaTo
- 中峇魯烘焙坊 Tiong Bahru Bakery

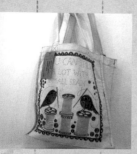

真實書坊
Books Actually

地址：永錫街 9 號（9 Yong Siak St.）
交通：地鐵中峇魯站 A 出口（map 見 P149）
營業時間：11:00 〜 18:00（一）
　　　　　11:00 〜 21:00（二〜五）
　　　　　10:00 〜 21:00（六）
　　　　　10:00 〜 18:00（日）
網址：www.booksactually.com

　　應該有很多人的夢想是開一間屬於自己的店吧？我也是。看到真實書坊時，我覺得它就是我理想中的店，而且是間好書店。真實書坊是棟獨立的建築，天花板很高，店裡的燈光亮度則剛剛好，最重要的是，空間配置得恰到好處，讓人覺得很舒服，一點都不會感到擁擠。

一推開門，兩側有著高高的書架，店中央則放了一張大桌子，上面擺了很多雜誌和少部分的書，看起來就像座小島。再往裡面走一點，有個很大的櫃台，櫃台前方放了很多可愛的小東西，像是文具、明信片、口袋書、藝術書籍、徽章和小紀念品等。左邊有一條小通道，通道旁則是「復古收藏區」，包括舊書、平常很難找到的書和文學書籍。店的最裡面，則有玩具、杯子、碗盤、錄音帶、復古電話、玻璃置物瓶、茶葉盒、行李箱、火柴盒等。如果喜歡這些類型的東西，別忘了來這間書店走走！

奇子
Strangelets

🎒 👜

地址：永錫街 7 號（7 Yong Siak St.）
交通：地鐵中峇魯站 A 出口（map 見 P149）
營業時間：11:00 ～ 20:00（一～五）
　　　　　10:00 ～ 20:00（六～日）
網址：www.strangelets.sg

　　奇子位在真實書坊旁，屬於「精品設計」商店，於 2008 年開業，之前座落在廈門街，後來才搬到永錫街。這裡販售的物品多半出自歐美、亞洲、新加坡當地設計師之手，《紐約時報》也曾推薦過這間店。店裡販售的東西種類很多，包括衣服、飾品、包包、鑰匙圈、布置小物、文具、明信片、手工肥皂、摺紙、玩具和非洲手工藝品等（因為其中一位合夥人是非洲人的緣故）， 從這些東西看來，就知道老闆是個很有眼光的人。雖然這裡的東西價值不斐，不過只要想到都是限量的東西，別的地方很難買到，可能就會願意買下來當作自己的禮物囉！

40根指針
Forty Hands

地址：永錫街 78 號 #01-12（78 Yong Siak St. #01-12）
交通：地鐵中峇魯站 A 出口（map 見 P149）
營業時間：08:30 ～ 18:30（二）
　　　　　08:30 ～ 22:00（三～四）
　　　　　08:30 ～ 23:00（五～六）
　　　　　08:30 ～ 18:30（日）
　　　　　星期一公休
網址：www.40handscoffee.com

　　40 根指針開業已久，屬於比較傳統的咖啡廳，但生意很好，店內常常客滿。這間店不大，其中櫃台占了很大的空間；店中央有根大柱子，牆上則有一些彩繪作品，看起來很有趣。店內的客人感覺都很有活力，我想是受到店裡營造出來的氣氛所影響，能創造出這種氛圍的咖啡廳並不多，也難怪這間店會成為排隊名店。另外，這裡的糖包是放在煉乳空罐內，一般人在家也會利用空罐裝糖包，我覺得這樣拉近了客人與店家的距離。

　　這裡的咖啡價格合理且香醇，熱拿鐵一杯只要新幣 5 元，還有供應三明治、蛋糕、餅乾和手工麵包等，推薦地中海羊肉三明治和松露蘑菇三明治（新幣 11 元），味道都很不錯。店內也有販售烘焙好的咖啡豆，一包 250 克，新幣 19 元。40 根指針絕對是一間來過一定會想再次造訪的店！

波茶多
PoTeaTo

☕ ✗

地址：永錫街 78 號 #01-18（78 Yong Siak St. #01-18）
交通：地鐵中峇魯站 A 出口（map 見 P149）
營業時間：11:00 ～ 22:00（二～五）
　　　　　10:00 ～ 22:00（六）
　　　　　10:00 ～ 21:00（日）
　　　　　星期一公休
網址：www.poteato.sg

　　波茶多在 40 根指針附近，相差 3 ～ 4 間店的距離，開業時間不長。中峇魯有很多咖啡廳，永錫街上更是密集，但這間店卻沒有被埋沒，主要是定位清楚，主攻茶飲愛好者。店裡的布置以「Loft Style」為主軸，牆面和柱子維持水泥原本的顏色，沒有太多的裝飾，並以磚塊來區隔出空間。大門採用摺疊門，很像以前房屋的樣式，窗戶則使用百葉窗。桌椅以黑色系為主，想營造出比較豪華的感覺，不過卻不會感到過於沉重，因為桌椅後方擺了較鮮豔的茶壺和杯子圖來作裝飾。

　　這間店滿安靜的，令人很放鬆，適合來這裡享用下午茶。這裡的重頭戲是茶，水果茶、英式紅茶、中國茶都有，都是一壺壺的，每壺新幣 6.8 ～ 7.8 元。推薦來顆馬卡龍（新幣 2.8 元），有伯爵巧克力、海鹽焦糖、馬六甲椰糖、百香果等口味，或是波茶多脆片（新幣 5 元），可以搭配沾醬品嘗，再來壺烏龍茶也是很棒的選擇。若想吃點鹹食，經典雞翅（新幣 9 元）和奶油白醬海鮮義大利麵套餐（新幣 16.8 元，包含湯和茶飲）都很不錯喔！

橘色頂針
The Orange Thimble

地址：英雲街 56 號 #01-68（56 Eng Hoon St. #01-68）
交通：地鐵中峇魯站 A 出口（map 見 P149），
營業時間：11:00 ～ 21:00（二～日）
　　　　　星期一公休
網址：https://www.facebook.com/pages/
　　　TheOrange-Thimble/184189728308049

　　這間店讓我覺得，新加坡咖啡廳的水準也很高，不輸東京和首爾。橘色頂針已開業多年，它也是促使中峇魯逐漸興起的原因之一。英雲街原本是條很安靜的街道，自從橘色頂針開了之後，就有很多咖啡廳如雨後春筍般冒了出來，也造就了目前的熱鬧景象。

　　這間店有三道門，從外而內分別是鐵門、摺疊門和玻璃門。店裡大致分為三個區塊，其中一側是櫃檯、蛋糕展示櫃、座位；中間為沙發區，牆上還掛了一幅畫，布置很像迷你展覽館，感覺較為安靜；最裡面則是戶外區，不過並不會感到悶熱，店家開了電風扇幫助空氣流通，也滿舒適的。橘色頂針是間善於營造不同風格的店家，而且每種風格都很吸引人，我想就是因為老闆如此注重品質，才培養出那麼多死忠顧客吧！

中峇魯烘焙坊
Tiong Bahru Bakery

地址：英雲街 56 號 #01-70（56 Eng Hoon St. #01-70）
交通：地鐵中峇魯站 A 出口（map 見 P149）
營業時間：08:00 ～ 20:00（一、三～日）
　　　　　星期二公休
網址：www.tiongbahrubakery.com

　　中峇魯烘焙坊開店並不久，不過已有固定的客群，其中又以上班族居多，中午時段店裡往往是客滿的。這間店還滿好找的，它很靠近橘色頂針，而且剛好位在轉角處，所以相當顯眼。很多人説，這間店的麵包是全新加坡最好吃的，而且店家在櫥窗展示了很多種麵包，讓經過的人光看就想要趕快買幾個嚐嚐。

　　這裡的麵包，採用世界知名的法國麵包師傅雀瑞（Gontran Cherrier）的製作方法，他除了著有好幾本食譜，也開了很多家麵包店，店名 GC 就是他的名字的縮寫。這間店的麵包品質無可挑剔，無論是吐司、法式長棍、可頌等，都是道地的法國口味，店裡每天都瀰漫著純粹的麵包香。推薦這裡的橄欖麵包（新幣 4 元）、巧克力可頌（新幣 3.2 元）和墨魚汁長棍（新幣 4 元），我最喜歡最後一種，加入墨

魚汁做成麵包，帶點鹹味，十分好吃。店裡也有供應咖啡，口味偏重，很受歡迎，記得造訪那天咖啡師一次煮了八杯咖啡，真的很厲害，讓人印象深刻。

水滴
Drips

地址：忠坡路 82 號 #01-05（82 Tiong Poh Rd. #01-05）
交通：地鐵中峇魯站 A 出口（map 見 P149）
營業時間：11:00 ～ 21:30（一～四）
　　　　　11:00 ～ 23:00（五～六）
　　　　　08:30 ～ 20:30（日）
網址：www.drips.com.sg

　　水滴是我很喜歡的烘焙坊之一，從店裡的布置就可以察覺到老闆的用心，無論是牆面、燈具、圖畫，甚至是小細節都很注重，更不用說老闆挑選桌椅的能力了，讓人看了就有想立刻坐下的衝動。最吸引人的當然就是店裡的點心了，蛋糕、塔派、泡芙都很好吃，難怪很多人除了內用之外，還會外帶一份回家享用。

　　所有產品中，賣得最好的是蛋糕，有很多種口味，像是巧克力、奶油、香蕉、橘子、覆盆子等。另外，蔓越莓乾（新幣 12.8 元）也是暢銷商品。這裡的廚房採玻璃牆面，師傅工作的情況一目了然，製作點心時動作看起來又快又帥氣。記得造訪那天正下著毛毛細雨，我們坐在店裡 50 年代風格的沙發上，邊吃芒果塔邊喝咖啡，真令人難忘。

Map

中峇魯
Tiong Bahru

加連曼巴納路 *Jalan Membina Rd.*

中峇魯路 *Tiong Bahru Rd.*

金坦路 *Kim Tian Rd.*

成保路 *Seng Poh Rd.*

永錫街 *Yong Siak st.*

成保巷 *Seng Poh Ln.*

英雲街 *Eng Hoon St.*

歐南路 *Outram Rd.*

忠坡路 *Tiong Poh Rd.*

中央快速道路 *Central Express*

中峇魯站 Tiong Bahru

- **Ⓐ** 真實書坊 Books Actually P132
- **Ⓑ** 奇子 Strangelets P136
- **Ⓒ** 40根指針 Forty Hands P138
- **Ⓓ** 波茶多 PoTeaTo P140
- **Ⓔ** 水滴 Drips P146
- **Ⓕ** 橘色頂針 The Orange Thimble P142
- **Ⓖ** 中峇魯烘焙坊 Tiong Bahru Bakery P144

其他好逛好吃區
Other Area

　　地鐵植物園站、荷蘭村站、萊佛士坊站、政府大廈站附近也有很多好店。新加坡擁有最多樹木的地方就是新加坡植物園，它也是新加坡最大、最悠久的植物園。搭地鐵到植物園站下車即可，一出站就感受到新鮮空氣迎面而來。荷蘭村的生活型態偏向西方，有很多歐式餐廳、咖啡廳、Pub。荷蘭大道（Holland Avenue）是荷蘭村的中心，假日若造訪戶外餐廳用餐，可以看到很多國籍的人在路上走來走去。

　　萊佛士坊有新加坡最高的三棟大樓：共和廣場（Republic Plaza）、大華銀行大廈（UOB Plaza One）和華聯銀行大廈（One Raffles Place），也是相當重要的貿易金融區。知名景點魚尾獅（Merlion）、濱海藝術中心（The Esplanade Theatre）和浮爾頓酒店（The Fullerton Hotel）也位於此區。政府大廈一帶有很多殖民時期建築，如博物館和教堂，雖都有一定歷史，但都保存得不錯。

交通：地鐵環線植物園站（CC19）、荷蘭村站（CC21）；東西線政府大廈站（EW13
　　　或南北線 NS25）、萊佛士坊站（EW14 或南北線 NS26）

本區必訪：

🍴 烹飪學 Gastronomia　　　🍴 簡單麵包 Simply Bread
🍴 香草平原 Plain Vanilla　　🍴 手工漢堡 The Hand Burger
🍴 沙拉舖 The Salad Shop

烹飪學
Gastronomia

地址：武吉知馬路克倫尼閣 1 樓（1F, Cluny Court, Bukit Timah Rd.）
交通：地鐵植物園站 A 出口（map 見 P166）
營業時間：09:00 ～ 22:00（一～日）
網址：www.dapaolo.com.sg

　　植物園站下車後，往左就可以看到建於 1928 年的殖民建築 —— 克倫尼閣。繼續往前走，穿越克倫尼公園路（Cluny Park Rd.）不久，即抵烹飪學。這間義式餐廳隸屬 Da Paolo 集團，Da Paolo 在世界各地都有餐廳據點，光在新加坡就有八間烹飪學的分店，分別位在武吉知馬、武吉知馬帕沙貝拉（PasarBella）農夫市集、東海岸、荷蘭村、濱海灣、烏節、萊佛士坊、里峇峇利區。所有分店中，我最喜歡這間分店了，不僅樹木多，而且很安靜。天氣晴朗時，建議坐在戶外，享受舒服的自然環境。

　　不時可以看到當地人或外國人來這裡點杯拿鐵（新幣 4.5 元），及糖粉甜甜圈、杯子蛋糕，有時候甚至吃到忘記時間了！如果想要吃飽一點，烹飪學也有供應義大利麵與單片披薩（新幣 7 ～ 7.5 元），口味選擇不少，這裡的法國麵包也滿不錯的。離開之前，可以帶一、兩罐手工沙拉醬或是果醬回家嘗嘗。

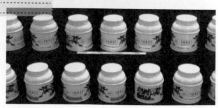

簡單麵包
Simply Bread

地址：武吉知馬路克倫尼閣 2 樓（2F, Cluny
　　　Court, Bukit Timah Rd.）
交通：地鐵植物園站 A 出口（map 見 P166）
營業時間：08:00 ～ 21:00（一～日）
網址：www.simplybread.com.sg

　　簡單麵包的裝潢以白色系、簡單、舒適為主，而這間店給人的感覺也真的很舒服。簡單麵包位在克倫尼閣轉角的二樓，店主人利用這個轉角裝設了幾扇落地窗，讓客人可以清楚看到外面的綠樹。

　　雖然店裡的麵包是擺在玻璃櫥櫃裡，不過麵包剛出爐的香氣，仍會瀰漫在店內。這裡的冰檸檬茶（新幣 2.8 元）和起司火腿三明治（新幣 9 元）味道都滿不錯的，邊喝邊吃的同時，還可以看到外面大樹上有松鼠跑來跑去的景象，十分可愛。店內擺設走簡約風，中間區塊只放了幾張橢圓形的白桌和造型簡單的黑椅，呈現「簡單就是美」的風格。如果想要一個不受打擾的空間，可以選擇坐在靠牆的長沙發區，深藍色的沙發、深綠色的靠枕讓人舒服地靠著休息。

店裡的麵包都是每天手工製作的，相當美味。除了麵包外，也有多種三明治與生菜沙拉。由於營業時間較早，所以我們待在新加坡期間，有好幾天都是在這裡吃早餐。如果打算造訪簡單麵包，別忘了帶一本喜歡的書來，因為你可能會在這裡待了超乎預期的時間！

I CAN RESIST ANYTHING
EXCEPT TEMPTATION
OSCAR WILDE

香草平原
Plain Vanilla

地址：羅弄曼蒙 34A（34A Lorong Mambong）
交通：地鐵荷蘭村站 B 出口（map 見 P166）
營業時間：12:00 ～ 20:00（二～六）
　　　　　12:00 ～ 18:00（日）
　　　　　星期一公休
網址：www.plainvanillabakery.com

　　你曾看過懷抱夢想的人，實現夢想時有多幸福嗎？當我看到我的朋友凡妮莎販賣自己做的杯子蛋糕時，就有這樣的感受。凡妮莎計畫在大學畢業後開一間烘焙坊，並以此為目標，看書自學製作杯子蛋糕，後來她選擇在荷蘭村開一間小店——香草平原。這間店位於墨西哥餐廳艾爾庭院（El Patio）二樓，和一間美髮沙龍共用二樓空間。地方雖小，但凡妮莎充分運用了每個空間，入口處的蛋糕櫃陳列了很多杯子蛋糕，後方配置了烤爐與工作台，牆上則有可以擺放原料罐的夾層。

　　每天凡妮莎都會和兩位助手一起製作杯子蛋糕，口味有牛奶巧克力碎片、胡蘿蔔紅絲絨、黑巧克力甘納許、榛果巧克力、黑糖肉桂、草莓白巧克力、香蕉牛奶巧克力和奶油餅乾等，每個新幣 3.2 元，一次買六個則是新幣 18 元。

這裡的杯子蛋糕很受歡迎，我們僅停留一個小時，人潮卻絡繹不絕。離開前，我問凡妮莎最愛哪種口味，她想了一下說：「牛奶巧克力碎片！」我接著問：「為什麼呢？」她笑嘻嘻地回答：「因為簡單！」曾經有人說過，簡單就是最好的，我想應該就是這樣吧！

手工漢堡
The Hand Burger

地址：橋北路 252 號萊佛士城購物中心 #B1-65/66（252 North Bridge Rd. Raffles City Shopping Centre#B1-65/66）
交通：地鐵政府大廈站 A 出口（map 見 P167）
營業時間：11:30 ～ 22:00（二～四、日）
　　　　　11:30 ～ 22:30（五～六）
　　　　　星期一公休
網址：www.thehandburger.com

不用跑到紐約、洛杉磯，在新加坡就可以吃到美味的漢堡！手工漢堡是由安娜（Anna Lim）、安德魯（Andrew Chan）和班納迪（Benedict Leow）三個人共同成立，他們的目標是要開一間高品質且價格合理的漢堡店。這間店有三個特色：創新、注重細節、天然，因此一開店就吸引了許多人注意，很多雜誌也推薦這間餐廳。

這次我們造訪的是位於 313@ 索美塞百貨的分店，店裡空間很大，布置時尚，看起來很高級，卻不會有壓迫感，待在店裡很舒適、放鬆。除了店內的陳設，菜單、外帶的包裝等都花心思設計過。這裡的漢堡評價很好，很多人都說這是他們吃過最好吃的漢堡，我想一部分原因和店家採用高品質的食材有關。

漢堡排選擇很多，有牛肉、豬肉、羊肉、鴨肉、雞肉和海鮮等，如果是素食者，這裡也有素漢堡。最推薦「The Works」，使用重達 150 克的紐西蘭牛肉，放上烤過的洋蔥、培根、煎蛋、香菇、切達起司、嫩炒蘿勒、萵苣、蕃茄等，淋上蒜泥蛋黃醬，最後把焦糖洋蔥漢堡麵包蓋上即大功告成。一旁還附有甜洋蔥醬、薯條、蘑菇濃湯和生菜沙拉，一份新幣 17.8 元，很划算。若想來杯飲料，可以嘗嘗棉花糖榛果可可奶昔，一杯新幣 4.5 元，好喝到會想跟店家討教做法。雖然店裡有提供叉子和湯匙，不過用手吃漢堡才是最有感覺的吃法！

沙拉舖
The Salad Shop

地址：萊佛士坊 80 號 #01-20 大華銀行大廈 2 期
　　　（80 Raffles Place #01-20 UOB Plaza 2）
交通：地鐵萊佛士坊站 A 出口（map 見 P167）
營業時間：08:00 ～ 18:00（一～五）
　　　　　星期六、日公休
網址：www.thesaladshop.com.sg

　　沙拉舖位於河邊，店裡的裝潢十分特別、有創意，一般窗戶多半是方方正正的，而沙拉舖的窗戶則是湯匙和叉子狀；桌子上方的燈也不是使用普通的燈罩，而是用印有風景照的布圍繞起來；桌子、椅子和沙發也經過一番設計。而在所有家具中，我最喜歡店裡的椅子，椅面有很多種顏色，設計也不太一樣，就連店員的 Polo 衫制服也很多彩，像是紫色、紅色和藍色等。打造出這個空間的設計師是阿塞勒（Asylum），他拿過很多新加坡設計獎，在他的設計之下，讓這間店呈現美麗、帥氣、活潑、充滿力量的面貌。

　　沙拉舖有句口號「適合所有人的沙拉」，標榜只用有機蔬菜，讓客人吃得安心。這裡的廚房採開放式設計，可以一目了然地看到餐點製作過程。若要點餐，直接到櫃檯告知服務人員就可以了。沙拉的選擇約有十來種，分成小、中、大三種尺寸，小盤的叫做「兔子」（新幣 8 元）；中盤的叫做「斑馬」（新幣 10 元）；如果有 3～4 人，可以點大盤的「大象」（新幣 12 元），一定吃得飽。

　　店裡有供應每日例湯，每天的口味都不一樣，如果造訪那天剛好是波士頓奶油蛤蠣湯，建議一定要點，真的很好喝。不想吃沙拉的人，沙拉舖也有義大利麵和三明治可供選擇。甜點也很好吃，尤其是手工優格，又新鮮又美味。沙拉舖走健康路線，餐點都很有水準，也難怪新加坡當地人及觀光客絡繹不絕。

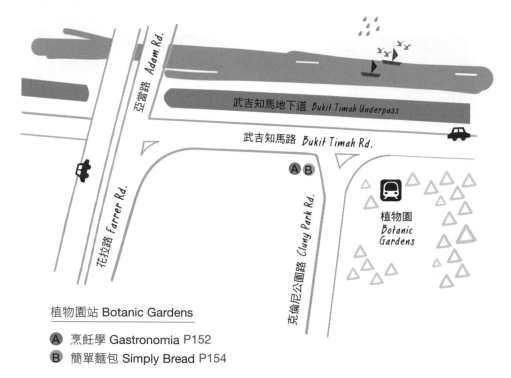

植物園站 Botanic Gardens

Ⓐ 烹飪學 Gastronomia P152
Ⓑ 簡單麵包 Simply Bread P154

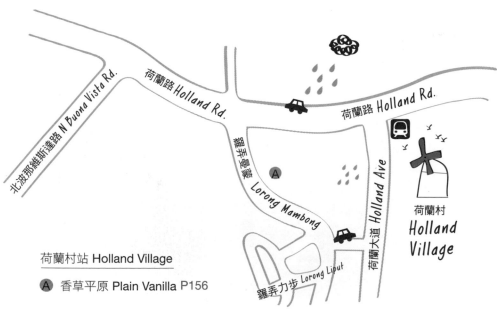

荷蘭村站 Holland Village

Ⓐ 香草平原 Plain Vanilla P156

政府大廈站 City Hall

Ⓐ 手工漢堡 The Hand Burger P158

萊佛士坊站 Raffles Place

Ⓐ 沙拉舖 The Salad Shop P162

朱雀文化和你快樂品味生活

新加坡 Singapore
好逛、好吃，最好買
風格咖啡廳、餐廳、特色小店尋味漫遊

作者	諾依
譯者	E‧Q
編輯	呂瑞芸
校對	連玉瑩
美術編輯	鄭雅惠、黃祺芸
行銷	呂瑞芸
企劃統籌	李橘
總編輯	莫少閒
出版者	朱雀文化事業有限公司
地址	台北市基隆路二段 13-1 號 3 樓
電話	02-2345-3868
傳真	02-2345-3828
劃撥帳號	19234566 朱雀文化事業有限公司
網址	http://redbook.com.tw
總經銷	成陽出版股份有限公司
ISBN	978-986-6029-50-9
初版一刷	2013.12
定價	299 元
出版登記	北市業字第 1403 號

新加坡 Singapore 好逛、好吃，最好買 風格咖啡廳、餐廳、特色小店尋味漫遊 / 諾依著 -- 初版一刷 -- 台北市：朱雀文化,2013.12
面；公分 .--（EasyTour031）
ISBN 978-986-6029-50-9（平裝）

1. 旅遊 2. 新加坡
738.79

致謝 Thanks a brunch

謝謝凡妮莎、戴芬妮、克莉絲蒂、皮新、麥克、明徽，以及 polkadot 的同事：多卡、皮列、泰、光、奧、梅。朋在我不在的時候一直陪著且照顧我的狗狗 —— 納，牠是來自上帝的禮物。而翁塔娜總是陪著我。謝謝你們！

About 買書

●朱雀文化圖書在北中南各書店及誠品、金石堂、何嘉仁等連鎖書店均有販售，如欲購買本公司圖書，建議你直接詢問書店店員。如果書店已售完，請撥本公司經銷商北中南區服務專線洽詢。北區（03）358-9000、中區（04）2291-4115 和南區（07）349-7445。
●●至朱雀文化網站購書（http:// redbook.com.tw），可享 85 折起優惠。
●●●至郵局劃撥（戶名：朱雀文化事業有限公司，帳號：19234566），掛號寄書不加郵資，4 本以下無折扣，5～9 本 95 折，10 本以上 9 折優惠。